永恒的华夏史诗丛书
——纪念陵园

陆 飞/编著

吉林人民出版社

图书在版编目(CIP)数据

纪念陵园 / 陆飞编著. -- 长春：吉林人民出版社，2012.5

（永恒的华夏史诗丛书）

ISBN 978-7-206-09066-0

Ⅰ.①纪… Ⅱ.①陆… Ⅲ.①纪念地－陵园建筑－中国－青年读物②纪念地－陵园建筑－中国－少年读物 Ⅳ.①K878.2-49

中国版本图书馆CIP数据核字(2012)第113492号

纪念陵园
JINIAN LINGYUAN

编　　著：陆　飞
责任编辑：张　娜　　　　　　　封面设计：七　洱
吉林人民出版社出版 发行（长春市人民大街7548号 邮政编码：130022）
印　　刷：鸿鹄（唐山）印务有限公司
开　　本：670mm×950mm　　　1/16
印　　张：12　　　　　　　　字　数：90千字
标准书号：ISBN 978-7-206-09066-0
版　　次：2012年7月第1版　　印　次：2021年8月第2次印刷
定　　价：38.00元

如发现印装质量问题，影响阅读，请与出版社联系调换。

目 录

十二桥烈士陵园 …………………………………… 1
十九路军淞沪抗日阵亡将士陵园 ………………… 1
厂汉营革命烈士陵园 ……………………………… 3
人民解放战争烈士陵园 …………………………… 4
三仓烈士陵园 ……………………………………… 4
大田烈士陵园 ……………………………………… 5
大悟县烈士陵园 …………………………………… 5
大禹陵 ……………………………………………… 6
上饶烈士陵园 ……………………………………… 8
上海市烈士陵园 …………………………………… 9
广西壮族自治区烈士陵园 ………………………… 12
广州起义烈士陵园 ………………………………… 12
王坪烈士陵园 ……………………………………… 14
太行太岳烈士陵园 ………………………………… 15
天津市烈士陵园 …………………………………… 16
历城县西徐马烈士陵园 …………………………… 17
历城县大王山革命烈士陵园 ……………………… 18
中国人民志愿军烈士陵园 ………………………… 19
乌鲁木齐烈士陵园 ………………………………… 19
长宁县烈士陵园 …………………………………… 22

长清区石磷山烈士陵园	23
文登烈士陵园	24
方正革命烈士陵园	24
六合竹镇革命烈士陵园	25
双城革命烈士陵园	25
双鸭山革命烈士陵园	26
双塔烈士陵园	26
东山战斗烈士陵园	27
东兰烈士陵园	28
龙华烈士陵园	29
平阴县烈士陵园	31
"四八"烈士陵园	31
"四保临江"烈士陵园	32
北安烈士陵园	34
北伐独立团烈士陵园	34
白城市革命烈士陵园	36
宁安革命烈士陵园	36
永兴烈士陵园	37
永城市陈官庄淮海陵园	37
兰西烈士陵园	39
汀泗桥北伐烈士陵园	39
汉高帝长陵	40
辽阳市革命烈士陵园	42
辽沈战役烈士陵园	42
尧陵	43

西山革命烈士陵园	44
西安烈士陵园	45
西安广场烈士陵园	45
西彩石烈士陵园	46
团山烈士陵园	46
同江革命烈士陵园	48
向警予烈士陵园	49
华东革命烈士陵园	50
华北军区烈士陵园	51
华容县烈士陵园	55
自贡市烈士陵园	55
舟山烈士陵园	56
齐齐哈尔市烈士陵园	56
安达革命烈士陵园	57
讷河革命烈士陵园	57
刘志丹烈士陵园	58
刘胡兰烈士陵园	59
农安烈士陵园	61
关陵（河南洛阳）	62
孙吴革命烈士陵园	63
红军烈士陵园	63
李大钊烈士陵园	64
李时珍陵园	65
杨子荣烈士陵园	66
杨虎城烈士陵园	67

杨根思烈士陵园	69
杨公烈士陵园	70
杨靖宇烈士陵园	71
杜甫陵园	73
扶余市烈士陵园	76
抗日山烈士陵园	77
抗美援朝烈士陵园	78
护林灭火十二烈士陵园	81
孝丰革命烈士陵园	82
克山革命烈士陵园	82
苏军烈士陵园	83
吴禄贞纪念园	84
利津县烈士陵园	86
延寿革命烈士陵园	87
牡丹江市北山烈士陵园	88
沙市烈士陵园	88
汤原革命烈士陵园	90
阿合买提江烈士陵园	90
鸡冠山革命烈士陵园	91
林口革命烈士陵园	92
林县烈士陵园	92
林祥谦烈士陵园	93
松岭革命烈士陵园	94
拉林革命烈士陵园	95
英灵山烈士陵园	95

茂林烈士陵园	96
茂陵	96
青山烈士陵园	98
雨花台革命烈士陵园	98
枣阳市革命烈士陵园	101
明孝陵	101
昌都烈士陵园	103
尚志革命烈士陵园	104
周村革命烈士陵园	104
依安革命烈士陵园	107
依兰革命烈士陵园	107
佳木斯市西郊革命烈士陵园	108
金太祖完颜阿骨打陵	108
炎帝陵	109
宜城市革命烈士陵园	110
郑州烈士陵园	110
孟良崮战役烈士陵园	111
革命烈士陵园	113
勃利革命烈士陵园	113
珍宝岛烈士陵园	114
昭陵	115
哈尔滨烈士陵园	117
闽东革命烈士陵园	120
施洋烈士陵园	121
济南革命烈士陵园	122

洛阳烈士陵园	123
晋绥烈士陵园	124
晋冀鲁豫烈士陵园	125
威海市烈士陵园	128
桦川革命烈士陵园	129
泰来革命烈士陵园	129
临汾烈士陵园	130
铁力革命烈士陵园	131
饶河革命烈士陵园	131
胶东抗日烈士陵园	132
高台烈士陵园	133
宾县革命烈士陵园	135
郭家烈士陵园	135
海丰烈士陵园	136
海伦革命烈士陵园	136
海林革命烈士陵园	137
通江烈士陵园	137
通河革命烈士陵园	138
绥化革命烈士陵园	138
绥阳革命烈士陵园	139
绥棱革命烈士陵园	139
黄龙县烈士陵园	140
黄帝陵	141
黄麻起义和鄂豫皖苏区革命烈士陵园	143
萝北革命烈士陵园	145

乾陵	145
鄂豫皖苏区革命烈士陵园	149
盘山烈士陵园	150
望奎革命烈士陵园	151
麻城市烈士陵园	151
密山革命烈士陵园	153
宿迁县烈士陵园	153
梁山抗战烈士陵园	154
董存瑞烈士陵园（河北隆化）	155
塔河革命烈士陵园	156
棱庄烈士陵园	157
雅安烈士陵园	157
辉南县烈士陵园	158
黑河革命烈士陵园	159
景德镇革命烈士陵园	160
竹沟革命烈士陵园	160
皖南事变烈士陵园	161
焦裕禄陵园	165
湘鄂西苏区革命烈士陵园	167
湘鄂赣边区鄂东南革命烈士陵园	169
鄞州区革命烈士陵园	171
塘沽烈士陵园	172
解放一江山岛烈士陵园	174
歌乐山烈士陵园	176
嘉义烈士陵园	177

端午山革命烈士陵园 …………………………………… 178

肇州革命烈士陵园 ……………………………………… 178

肇源革命烈士陵园 ……………………………………… 179

嫩江革命烈士陵园 ……………………………………… 179

德惠革命烈士陵园 ……………………………………… 179

霍去病陵 ………………………………………………… 180

冀南烈士陵园 …………………………………………… 181

蟠龙山烈士陵园 ………………………………………… 182

十二桥烈士陵园

在四川成都市西门外文化公园内二仙庵侧。即十二桥烈士墓。

十九路军淞沪抗日阵亡将士陵园

在广东省广州市先烈东路。1932年1月28日夜，日本侵略军进攻上海，蔡廷锴等指挥的十九路军奋起抗战。激战一个多月，使侵略军受到沉重打击，极大地振奋了民族精神。同年在此为该军抗日阵亡将士兴建的陵园。入口处建有凯旋门式的花岗石门楼。门南数百米，苍翠的林木环绕着雄伟的纪念建筑群，高20米圆柱形的花岗石纪念碑巍然耸立。其北绕以半圆形的回廊，南面宽阔的大道直通抗日阵亡将士题名碑，东侧与西南各有一片烈士墓地，往南还有抗日亭及先烈纪念馆。陵园内竖有《十九路军死难将士公墓表》:"民国二十一年一月,倭寇上海。十九路军总指挥蒋光鼐军长蔡廷锴,不及俟命,率所部二万人迎击,倭大创。增援若再,战几四十日,寇死五六千人,我军死伤亦称是。功虽未就,自中国与海外诸国战斗以来,未有杀敌致果如是役者也。十九路军所部多广东子弟,死即槁葬上海,不得返其故。二十二年九月,度地广州黄花岗之南,以为公墓。迁而堋之。黄花岗者,清末志士倡义死葬其地者也。以二十一年上海之役与比,功足相副。昔明遗臣张煌言死难,遗言立墓岳、于二公间,蓋生以毅烈相附、死以茔北相连,其义固然。今之迁葬,非徒饰美观、侈功伐,亦俗推其事类,以兴来者。自黄花岗事讫,仅半载,武昌倡义,率以仆清。固其气足以震之。后之继十九路军而成大业者,其必如武昌倡义故事,以加于倭。然后前者为不徒死尔。盖功大者不赏、业盛者不能以笔札称扬,故略举死者之事,以俟后之终之者。中华民国二十二年十月,余杭章炳麟撰并书。"1989年8月20日,经国务院批准该陵园为全国重点烈士纪念建筑物保护单位。

厂汉营革命烈士陵园

位于内蒙古自治区凉城县厂汉营镇南，距凉城县城36公里，占地面积6000平方米。1987年7月26日建成。在抗日战争和解放战争中，这里是我军北上大青山、南下晋西北的咽喉要道和阻截日寇西进的屏障，也是延安革命根据地向东北挺进的桥头堡。在历次战斗中，凉城人民以国难当头、匹夫有责的爱国主义精神，有人出人，有钱出钱，有物援物，同日寇和国民党反动派进行了浴血奋战。据不完全统计，在抗日战争和解放战争时期，在这里英勇牺牲的烈士达3000余人。陵园内主要建筑有：革命烈士纪念塔、革命烈士坟茔、接待室、花栏等。矗立在陵园中心的革命烈士纪念塔上用蒙汉两种文字镶嵌着"革命烈士永垂不朽"的金字。纪念塔南侧安放着刘士法、焦培德等139名烈士的遗骨。

人民解放战争烈士陵园

位于内蒙古自治区乌兰浩特市中部，站前广场东北侧。面积近3万平方米。1949年建立。园中松柏常青，白杨挺拔。纪念塔正面镌刻"为人民解放战争而牺牲的英雄们永垂不朽"18个大字。塔东面是烈士纪念堂，安放着拉希扎布·都尔扎布等296名烈士骨灰，正堂悬挂蒙汉文挽联，陈列各界人士敬献的花圈。

三仓烈士陵园

坐落在江苏省东台市三仓。三仓是中国无产阶级革命家、军事家粟裕当年战斗过的地方。主要纪念建筑有：苏四分区革命烈士纪念塔，粟裕同志部分骨灰安葬处。

大田烈士陵园

在福建大田县城关北侧。1958年为纪念闽中地下党林大蕃等65位革命烈士而建。正中矗立着烈士纪念碑，碑高12米，朝南，正面镌刻朱德题词"为革命事业而牺牲的烈士们永垂不朽"。周围环以苍松翠柏，碧草繁花，整座烈士陵园庄严肃穆。

大悟县烈士陵园

亦称"鄂豫边区革命烈士陵园"，位于湖北省大悟县。这里是鄂豫皖革命根据地的一个重要组成部分。早在第二次国内革命战争时期，中国工农红军第四方面军就在这一带驰骋征战，挥戈杀敌；抗日战争时期曾是新四军第五师的根据地和鄂豫边区的中心地带；解放战争时期又是中共中央中原局和中原军区党政机关的所在地。在长期的革命战争中，全县有7000

余名优秀儿女为革命献出了宝贵的生命，为中国人民的解放事业做出了重大贡献。先烈们的光辉业绩和不朽功勋将与山河共存，与日月同辉。为了纪念先烈们的光辉业绩，1979年春，经省政府批准，在大悟县城关兴建一座烈士陵园，并命名为"鄂豫边区革命烈士陵园"。1984年11月6日，省委、省政府为"鄂豫边区革命烈士纪念碑"举行了隆重的落成典礼。陵园总面积为232亩，其中建筑面积2990平方米。园内主要建筑物有李先念同志、徐向前同志亲笔题词的烈士纪念碑一座，高22.8米，耸立在陵园中央；烈士纪念馆一座，面积为1006平方米。整个陵园显得既庄严肃穆，令人崇敬，又绿树成荫，风景秀丽，鸟语花香，使人感到雅静舒适。1986年10月15日，国务院批准该陵园为全国重点烈士纪念建筑物保护单位。

大禹陵

在浙江省绍兴会稽山北麓，距绍兴城约4公里。位于禹王庙西侧，传是夏禹的坟墓。大禹是传说中的治水英雄。在洪水滔滔、大地茫茫的远古时代。他沐风栉雨，含辛茹苦，率领民众与水患作斗争。通山川，疏江河，终于治平洪水。据《越绝书》记载，大禹"忧民救水到大越（今绍兴），大会计。爵有德，封有功"。会计（即会议讨论的意思）的地点茅山因此改称"会稽山"（"稽"与"计"是通假字）。《越绝书》又称，禹做了皇帝以后"巡狩大越"在此病故，葬于会稽山下。陵背靠会稽山，前临禹池。池岸建有青石牌坊一座，由甬道入内，旧有陵殿，已废。今有1979年重建的大禹陵碑亭1座，飞檐翘角，矗立在甬道尽头。内立明人南大吉书"大禹陵"，巨碑1块。亭周古槐繁茂，松竹苍翠，清雅幽静。亭左有"禹穴辨亭"和"禹穴亭"。禹穴辨是考证大禹葬地的文章，为清代"浙派"篆刻创始人丁敬所作。辨亭前方旧有禹寺，今圮。据《山陵杂记》所载："禹穴穿地深七尺，上无泻泄，下无流水，坛高三尺，土阶三等，周围方一亩"，现今禹陵之地与此有所相似。遗址还有"大禹陵碑亭"，始建于明代；陵侧禹庙建于梁朝。殿内塑有庄严的高6米大禹主像，殿侧有岣嵝碑和空石亭，据说是史前期遗物。

上饶烈士陵园

位于江西上饶市茅家岭。1941年国民党反动派制造了震惊中外的"皖南事变"，将在事变中突围未成的新四军干部、战士600余人，武装押送到上饶。强行囚禁在上饶南郊，建立起法西斯式的上饶集中营。集中营的革命志士在新四军军长叶挺、第三支队司令员张正坤等负责同志领导下，通过秘密串联，先后在各中队建立了党组织，并于1942年3月和6月举行了茅家岭暴动和赤石暴动。为纪念先烈，1955年在上饶集中营旧址茅家岭兴建了烈士陵园，建有烈士纪念碑、烈士墓等。纪念碑正面镌刻着周恩来同志题书"革命烈士们永垂不朽"9个金字；东面刻有刘少奇、朱德同志的题词。1979年又新建了上饶集中营革命烈士纪念馆。1989年8月20日，国务院批准该陵园为全国重点烈士纪念建筑物保护单位。

上海市烈士陵园

位于上海市西南隅的漕溪路。上海是中国共产党的诞生地,是具有光荣革命传统的城市。在中国革命的漫长历史进程中,上海人民在中国共产党的领导下,为推翻帝国主义、封建主义、官僚资本主义的反动统治,进行了艰苦卓绝的斗争,无数共产党人和革命志士献出了宝贵的生命。新中国诞生后,又有不少英雄儿女为保卫和建设社会主义的伟大事业而献身。为纪念革命先烈,激励后人,党和政府兴建了上海烈士陵园。烈士陵园占地面积97亩,1965年开始扩建,1969年竣工。主要建筑有死难烈士纪念碑、纪念广场、《且为忠魂舞》烈士群雕,烈士史料陈列室、陈列画廊、烈士墓区、烈士骨灰室,以及外宾接待室、家属接待室等设施。园内松柏、冬青、香樟、玉兰,郁郁葱葱,四季常绿,象征着烈士的革命精神万古长青、浩气长存。烈士纪念广场建于陵园中央，前端巍然耸立的纪念碑，是用花岗岩石修建的高15米，碑体正面镌刻着"死难烈士万岁"6个金色大字。广场为青色方砖铺地，其中从正门甬道踏上纪念广场到纪念碑的一段，皆为红色方砖，象征着瞻仰的人们"踏着烈士的血迹前进"。广场可同时容纳8000名凭吊群众。每年清明节前后花圈在纪念碑的四周簇拥，气象庄严肃穆。烈士群雕《且为忠魂舞》是以早年牺牲在上海龙华的革命先烈的原型创作设计的。群雕坐落于陵园正门中央花坛，高10米，和纪念广场的纪念碑遥相呼应。群雕用泰山花岗石混凝土筑成，寓意革命烈士"死重于泰山"。塑造了一组老一辈无产阶级革命家、青年运动和工人运动的领袖，以及学生、妇女等在敌人的枪口、屠刀下大义凛然、视死如归的高大形象，讴歌了革命烈士惊天地、泣鬼神的英雄业绩。纪念广场的两侧是烈士史料陈列室，面积为300平方米，陈列了120名烈士，500余幅（件）照片和史料。其中有五卅运动、上海工人三次武装起义，以及在四一二反革命政变前后牺牲的顾正红、刘华、汪寿华、孙炳文、陈延年、赵世炎、罗亦农、彭湃、杨殷等烈士；有1931年2月7日在龙华淞沪警备司令部被集体枪杀的林育南、何孟雄和"左联"五作家等24名烈士；有抗日战争和解放战争时期的一些烈士，如邹韬奋、李公朴、茅丽英、梁仁达、李白、王孝，以及在解放上海牺牲的人民解放军指战员和新中国成立后为社会主义事业献身的英雄模范人物。1986年，还陈列了老山前线对越自卫反击战中牺牲的40名上海籍烈士史料。这些陈列的烈士照片、书信、文稿和实物，从一个侧面生动地反映了上海人民半个多世纪的革命斗争史，再现了先烈们艰苦奋斗、无私无畏的革命精神和对共产主义事业的赤胆忠心。烈士墓区占地5亩，共埋葬着各个时期为革命而献身的1114位烈士遗骸。这里有烈士顾正红、钱亦百、苏兆征、杨贤江、张锡瑗、林育南、何孟雄、李求实、柔石、殷炎、胡也频等，墓前是一花石碑镌刻着烈士英名。烈士骨灰室呈品字形，安放着社会主义革命和建设时期牺牲和部分对越自卫反击战中牺牲的上海籍指战员等506名烈士骨灰。烈士陵园自1978年对外开放以来，前来参观瞻仰、祭扫的各界群众络绎不绝，每年约40万人次。烈士陵园已成为对广大群众进行爱国主义和革命传统教育的重要课堂。1989年8月20日，经国务院批准该陵园为全国重点烈士纪念建筑物保护单位。

广西壮族自治区烈士陵园

位于广西南宁市。为纪念历次革命战争中牺牲的本区和外省籍烈士，于1974年修建。园内建有烈士史料陈列馆，陈列了红七军、红八军总指挥李明瑞等烈士的斗争事迹和遗物，并有邓小平、董必武同志的题词。1986年10月15日，国务院批准该陵园为全国重点烈士纪念建筑物保护单位。

广州起义烈士陵园

位于广东广州中山三路红花岗。始建于1952年。是为纪念1927年在广州起义中英勇牺牲的5000多名革命烈士而修建的纪念性公园。1927年12月中共广东省委遵照党中央的指示，举行了广州起义。领导起义的有中共广东省委书记张太雷同志，以及苏兆征、叶挺、叶剑英、彭湃、聂荣臻、徐向前和周文雍等同志。参加起义的有工人、农民、士兵近7000人。他们团结一致，浴血奋战，占领了广州，建立了3天的人民政权，称为"广州公社"，并颁布了革命纲领。后在中外反动势力的夹击下不幸失败，张太雷同志壮烈牺牲。参加起义的150多名朝鲜青年大部分在沙河一带英勇牺牲，苏联驻广州领事馆副领事和工作人员多人亦遭国民党反动派杀害，被害的共产党人和革命群众5700多人。新中国成立后，广州市人民政府在当年烈士牺牲的红花岗上经过3年时间兴建了富有民族风格的烈士陵园。全园面积26万平方米，建筑雄伟、庄严壮丽，松柏苍翠、红花烂漫。大门两旁耸立的石壁上，镌有周恩来题写的园名。陵园中心隆起的圆形墓圹上铺着绿茵的青草，象征着"野火烧不尽，春风吹又生"的革命人民前仆后继的斗争精神。护墙上刻着朱德题字"广州公社烈士之墓"。陵园东部建有中朝人民血谊亭和中苏人民血谊亭，它们象征着广州起义时，苏联、朝鲜战友的鲜血和中国人民的鲜血流在一起。血谊亭覆盖着金黄色的琉璃瓦，绿树拥抱，碧水环绕。园内开凿了宽广的人工湖，湖边嘉树、时花、奇石，参差配置，绮丽宜人。湖心八角纪念亭上，悬挂有董必武书写的"血祭轩辕"横匾。1986年10月15日，国务院批准该陵园为全国重点烈士纪念建筑物保护单位。

王坪烈士陵园

位于四川省通江县王坪。建于1934年，原名王坪红军烈士陵园。1932年红四方面军进入四川后，创建了川陕革命根据地，在通江县沙溪乡王坪建立了红四方面军总医院。经医院抢救无效牺牲的伤病员就安葬在王坪；有些负责同志在战场上牺牲后，他们的遗体也运回这里安息。王坪形成了一座公墓。1934年，红四方面军总部为缅怀革命先烈，在公墓前用青石建造了高3.87米的纪念碑，碑体正中刻着"红四方面军英勇烈士之墓"11个大字。碑前石桌两侧有石刻迫击炮各1门。1935年红军转移后,地主还乡团破坏了烈士墓。当地革命群众将烈士纪念碑深埋地下,相信红军一定会打回来的。1951年2月,通江县委、县政府按原样修复了墓园。1982年4月,徐向前元帅为王坪烈士墓题词:"学习革命先烈们的不怕牺牲艰苦困难献身革命的精神,为实现祖国的四个现代化而奋斗。"多少年来,一些革命老前辈到四川后,专程到王坪晋谒烈士墓,表达缅怀战友之情。节日期间,烈士墓前,总是摆满花圈。每当映山红盛开时,就会见到烈士墓前一束束鲜花。1989年8月20日,国务院批准该陵园为全国重点烈士纪念建筑物保护单位。

太行太岳烈士陵园

坐落在山西省长治市梅辉坡。为纪念抗日战争中在太行、太岳英勇牺牲的烈士而建。1951年建成。陵园门口镶嵌着朱德总司令当年的手书"浩气长存"4个朱红色大字，笔势刚劲挺拔。陵园中心耸立着一座高23米的纪念塔，正面镌刻着程子华同志的题词："太行太岳烈士纪念塔"，背面是邓小平同志的题词："人民永远纪念着你们，太行太岳烈士纪念塔永垂千古。"塔底座四周分别刻着刘伯承、徐向前、杨秀峰、李达、戎子和、裴丽生等领导同志的题词，以及薄一波同志撰写的碑文。塔姿庄严大方，气势雄伟。塔北是3座烈士纪念堂，摆成品字形。具有民族风格，雄伟壮丽，庄严肃穆。正中纪念堂内，悬挂着32位烈士遗像，安放着烈士骨灰盒。其中有著名的高级指挥员、八路军副总参谋长左权和其他4名将军。纪念堂后面的烈士墓区掩映在苍松翠柏丛中。全园占地面积约9.5万平方米。1986年10月15日，国务院批准该陵园为全国重点烈士纪念建筑物保护单位。

天津市烈士陵园

坐落在天津市红桥区。原建于1955年6月，位于天津市北郊北仓村。占地180亩，南北长600米，东面宽200米。安葬了由西营门、和平门、民权门等处分葬的烈士遗骨6300多具和抗日殉难烈士遗骨2203具。1968年12月13日，中共天津市委决定，将烈士陵园由北仓迁至水上公园，1971年正式开放。1972年新建烈士纪念碑一座。1975年8月，陵园新建"抗日殉难烈士纪念馆"。1985年，据人民政府决定将天津市烈士陵园由水上公园迁至红桥区烈士陵园内，合并后改为"天津市烈士陵园"。

历城县西徐马烈士陵园

坐落在山东历城县孙村镇西徐马村西南。1984年10月，为纪念在解放济南战役中牺牲的烈士而建。这里安葬的多为中国人民解放军第九纵队二十五师的将士。陵园坐西朝东，占地面积2850平方米，内有烈士墓75座，每座墓前皆立有墓碑。

历城县大王山革命烈士陵园

位于山东省历城县王舍人镇，徐家村东的大王山。1954年开始修建，1955年建成。总面积为9万平方米（包括荒山）。陵园内东侧有宽10米高2米的影壁，上书"死难烈士万岁"，山顶上立一座高12米，平面四方形的纪念塔，塔西面镌刻着"为人民而死，虽死犹荣"，东面镌刻"为国牺牲，永垂不朽"。从陵园大门至山顶有一条宽4.65米，长262米的甬道，道路两侧为烈士墓地，共有32排1140座烈士墓，其中无名烈士墓522座，有名烈士墓前皆竖有墓碑。碑上刻着烈士姓名、籍贯、职务、所在部队番号和牺牲时间等，有的还记载着烈士的生平事迹。安葬的烈士大部是1948年济南战役中牺牲的将士。墓地东侧还有两座老红军墓。陵园还有烈士纪念常、骨灰堂。至1985年存放烈士骨灰盒164个。

中国人民志愿军烈士陵园

坐落在朝鲜平安南道腹地桧仓盆沟北侧海拔约 300 米的山坡上。为纪念中国人民志愿军赴朝参战牺牲的烈士而建。1950 年 6 月美帝国主义发动侵朝战争，同年 10 月 25 日中国人民志愿军赴朝参战。有无数中华儿女为保卫世界和平英勇捐躯，遗体安葬在异国他乡。拾级而上，登 172 级台阶，为陵园烈士墓。基地正中央是毛岸英烈士的圆形墓，墓前立着一块刻有"毛岸英同志之墓"的大理石碑，碑旁是毛岸英烈士的半身花岗岩石雕像。在毛岸英烈士墓周围，还有 133 个烈士墓。除无名烈士墓外，每个烈士墓前都有一块刻着名字的石碑。他们当中，有 115 名党员、15 名团员。每个墓旁都栽有一株中国东北黑松，据说，朝鲜没有这个树种，这是当年特地从中国移来的。

乌鲁木齐烈士陵园

1943 年 9 月 27 日，党的创始人之一陈潭秋、党的优秀儿女毛泽民等同志，被新疆军阀盛世才秘密杀害。新中国成立后，为了纪念烈士、教育后人，中共新疆维吾尔自治区首届党代会决定：组织陈潭秋等革命烈士移葬委员会，正式修建乌鲁木齐市革命烈士陵园。陵园坐落在乌市南郊著名的燕儿窝风景区。占地面积700余亩。1956年破土动工，同年7月1日落成。历年来，经过认真地绿化管理，园内浓荫密织，花果飘香。此间，又进行了两次整修，扩大了祭坛，重建了五座烈士墓碑和大门。大门是一座灰色花岗岩横墙，以及位于横墙两侧两个大门组成。镶嵌在横墙正面的汉白玉上，镌刻董必武同志亲笔题写的"乌鲁木齐市革命烈士陵园"11个金字，显得清新素雅。走进大门，绕过方形花池，是一条笔直的大道。从大道的尽头拾级而上，便是坦荡如砥的祭奠广场。在广场正面的高台上，弧形并排耸立着5座烈士墓碑。陈潭秋烈士墓穴居中。左边是毛泽民、乔国桢烈士；右边是林基路、吴茂林烈士。5座墓碑的碑身皆用高2.2米，重7吨的整块汉白玉雕成。碑座、墓体分别采用花岗岩磨制而成。尤其是镶在碑座、碑栏柱上的雪莲和小花圈，以及碑帽上的红旗和五星图案，更是制雕精致，含义幽深。它象征着血洒天山的烈士重如泰山，犹如高洁的天山雪莲，永远盛开在各族人民的心中，表达了新疆各族人民对革命烈士绵绵不尽的眷眷思念和哀悼之情。大道中段的左侧，是一座十分考究的接待室。大道右侧，是烈士事迹陈列馆。走进馆门，正中是座用棕色大理石片镶面的巨大屏蔽。屏蔽上用立体金字书写着邓小平同志的亲笔题词："陈潭秋、毛泽民、林基路烈士永垂不朽！"馆内陈列着陈潭秋、毛泽民、杜重远、林基路、乔国桢、吴茂林、祁天民、陈振亚、汪德祥、彭仁发等烈士的生平事迹，以及大量的照片和珍贵的文史资料和遗物，向人们再现了陈潭秋等革命烈士光彩照人的革命的一生。前来瞻仰的各族干部群众，或仰头赞叹，或俯首沉思。林基路的《囚徒歌》使大家永生难忘："囚徒，新的囚徒，坚定信念、贞守立场！掷我们的头颅。奠筑自由的金字塔，洒我们的鲜血染成红旗，万载飘扬！"他那视死如归的凛然正气穿透纸背、震撼人心。在陈列馆最后一部分，是党和国家领导人邓小平、李先念、陈云、邓颖超、王震等同志的题词。李先念的题词是："烈士精神万岁，烈士英名永存！"陈列馆南侧不远处还建有 3 座骨灰室。室内存放着 345 人的骨灰。其中，在中越自卫反击战牺牲的烈士骨灰也存放在这里。另外，陵园后山坡的南北两侧的公墓，埋葬着 100 多名为新疆的解放和建设事业做出贡献的老红军、老干部（包括伊、塔、阿三区革命中牺牲的优秀民族干部）的遗体。1986 年 10 月 15 日，国务院批准该陵园为全国重点烈士纪念建筑物保护单位。

长宁县烈士陵园

位于四川省长宁县风景名胜——竹海附近。园内安葬着中共中央秘书长、中国工农红军川滇黔边区游击纵队政委余泽鸿烈士。在余泽鸿烈士纪念馆内可以看到余泽鸿为共产主义奋斗终身的光辉业绩。1982 年 5 月，国务委员兼国防部长张爱萍视察长宁烈士陵园时，亲笔为纪念馆题写了馆名。陈云同志给烈士陵园写了亲笔信，对余泽鸿在上海进行革命活动给予了高度评价。陵园中矗立着 13 米高的纪念碑，正面写着："人民英雄永垂不朽。"背面写着："为人民而死，虽死犹荣。"园中有王泽嘉、袁敦厚、余泽鸿、于文涵遗骨。

长清区石磷山烈士陵园

位于山东省长清县城南部，1956年修建。占地面积80亩。安葬着济南战役及长清战役中牺牲的烈士墓288座。主要纪念建筑有烈士祠，存放烈士骨灰盒30个。济南战役是解放战争时期中国人民解放军解放济南的战役。1948年8月，国民党政府军被迫采取重点防御后，以第二绥靖区部队11万余人守备战略要地济南，准备以徐州地区的兵力17万人随时北援。华东野战军采取攻济救援的方针，以7个纵队和地方武装共14万人攻打济南，以8个纵队（含中原野战军1个纵队）共18万人准备阻击徐州援敌。9月16日晚，解放军对济南发起攻击，激战八昼夜，于24日攻克济南，除国民党政府军整编第九十六军军长吴化文率部起义外，全歼守敌10万余人，俘第二绥靖区司令官王耀武、副司令官牟仲珊。此役中我中国人民解放军指战员亦有众多为国捐躯,遗骨安葬于此。

文登烈士陵园

山东省文登区是胶东老革命根据地,著名的"一一·四"暴动和"天福山起义"就发生在这里。在历次革命战争中,先后有7000多名优秀儿女为国捐躯。为了悼念先烈英灵,缅怀先烈业绩。教育人民群众,该市筹集资金120多万元,于1989年建成烈士陵园。杨得志将军亲笔题了词。16.5米高的汉白玉纪念碑耸立在峰山前怀,7575名烈士的英名烧印在瓷砖上,镶嵌在展览大厅。

方正革命烈士陵园

位于黑龙江省方正县城东,建于1975年5月20日,1978

年8月1日重建，占地面积1万平方米，安葬26位烈士。主要纪念建筑有：革命烈士纪念碑。

六合竹镇革命烈士陵园

位于江苏省六合区竹镇。1939年秋，新四军第五支队，从津浦路西挥师东进，建立了盱眙、天长、来安、六合一线的路东根据地。1941年3月，1000余名日伪军向五支队驻地竹镇地区扫荡，新四军江北副指挥、第五支队长罗炳辉率部痛击。以后我军又多次粉碎了日伪进攻。1946年北撤后，在竹镇坚持斗争的一批党员、干部不幸被捕牺牲。新中国成立后，为纪念在抗日战争、解放战争中英勇牺牲的革命烈士，于1979年4月建立革命烈士陵园。陵园内有墓23座，陵前有高达12米的革命烈士纪念碑，刻石铭文，以志永远。

双城革命烈士陵园

位于黑龙江省双城区欢喜岭，建于1946年，占地面积

5700平方米，安葬300名革命烈士。园内设纪念堂。纪念建筑主要有：革命烈士纪念碑。

双鸭山革命烈士陵园

建于1986年10月，位于黑龙江省双鸭山市北秀公园西北角，面积1.2万平方米。纪念建筑有：革命烈士纪念碑。

双塔烈士陵园

坐落在山西省城太原"五一广场"东南。以北畔名胜"双塔寺"而得名。初建于1954年。园内分主墓区和解放太原墓区。主墓区安葬着大革命时期牺牲的前中共山西省委书记刘天章和晋绥行署主任续范亭，以及任国桢、阴凯卿、张友清、王瀛、程国良等7位山西省革命先驱。烈士墓区成圆包形，高5米，墓座直径10米，周围设有汉白玉柱铁栏杆，门前一对石狮子，石碑铭刻于墓前。解放太原墓区安葬着在解放太原战役中牺牲的430名烈士。墓丘呈长方梯形，由青砖砌成，墓前立有碑石。现又建成纪念堂、广场平台，以及通往纪念堂的133级青石台阶。墓区苍松翠柏，绿树成荫。

东山战斗烈士陵园

在福建省东山县东山岛石坛埔，离县城2公里。为纪念东山保卫战中英勇牺牲的烈士而修建的。1953年7月16日5时，国民党军队以比我军多10倍的兵力，窜犯东山岛。我军民英勇奋战，至7月17日19时即击退敌人进攻，歼敌3000多人。东山保卫战胜利结束后，驻岛军民为纪念牺牲的烈士，在石坛埔兴建烈士陵园。陵园围墙长达1公里。园内青松翠柏，烈士墓次列成群。中间花岗岩台阶上矗一巨碑，碑正面镌"东山战斗纪念碑"7个镏金大字，背面有叶飞题词："烈士英灵，雄镇海疆。"还建有"东山战斗纪念馆"。每当清明节和东山战斗纪念日，各界人士都前往凭吊。

东兰烈士陵园

位于广西东兰县城西北部更闹坡上。始建于 1957 年。它的建造得到了当年参加百色起义和创建右江革命根据地的原红七军军长张云逸的亲切关怀。高耸在半山腰上的陵园大门牌坊上有张云逸亲笔手书的"革命烈士公园"6 个金色大字。进入大门，是革命文物陈列馆。馆前建有一座气魄雄伟的大型群雕。馆内着重介绍了壮族卓越的革命战士韦拔群等烈士的斗争事迹。在引人注目的韦拔群烈士半身塑像两旁，用大理石镌刻着当年担任红七军政委的邓小平同志和张云逸同志 1962 年纪念韦拔群烈士牺牲三十周年书写的题词。陈列馆后面，耸立着一座巍峨的革命烈士纪念塔。在纪念塔后，拾级而上，是庄严肃穆的韦拔群烈士墓。1986 年 10 月 15 日，经国务院批准为全国重点烈士纪念建筑物保护单位。

龙华烈士陵园

位于上海市漕溪路。龙华是上海素负盛名的游览胜地，1927年四一二反革命政变至1937年间，国民党淞沪警备司令部设在这里，成了反动派杀人的魔窟。十年间，在这里关押和杀害的共产党人、革命志士数以千计，有"上海的雨花台"之称。我党早期领导人罗亦农、陈延年、赵世炎、彭湃、林育南、何孟雄及"左联"五作家等烈士的鲜血洒在这里；恽代英、邓中夏、何宝珍等曾被关押在此。1966年建为烈士陵园，将原在虹桥、大场等烈士墓迁葬于此，面积108亩。在青翠苍郁的松柏丛中，有1931年被国民党反动派杀害的龙华24烈士墓，有抗日战争和解放战争时期在上海从事革命工作而牺牲的茅丽瑛、李白、汤景延、钟泉周、《文萃》三烈士墓。现代学者，新闻出版家邹韬奋墓也在此。1988年国务院将"龙华革命烈士纪念地"列为全国重点文物保护单位，并修复了原国民党淞沪警备司令部看守所和烈士就义地，恢复了部分历史环境，完成了龙华烈士陵园的第一期工程。1991年6月26日全部建成。由原龙华公园和龙华革命烈士纪念地组成。占地200余亩。龙华烈士陵园绿树成荫，鲜花似锦；大门口耸立着一座高达11米的红色巨石；可容纳数千人的纪念广场矗立着刻有江泽民题词"丹心碧血为人民"的纪念碑；东北侧的"看守所"内，再现了部分历史场景：有钉脚镣的工具、牢房生活用品等，墙上有当年被囚禁的革命者刻写的"龙华千古仰高风，壮士身亡志未穷。墙外桃花墙里血，一般鲜艳一样红"的悲壮诗句；"龙华烈士纪念馆"由陈云题写馆名，展出了37位烈士的300多件珍贵史料；北端的烈士就义地上有20多块斧劈石，象征着龙华烈士对革命事业、对共产主义理想的信念坚如磐石。中国共产党成立70周年纪念日正式开放，成为广大群众缅怀先烈，学习革命传统的场所。邓小平同志为龙华烈士陵园题写了园名。

平阴县烈士陵园

位于山东平阴县坬南 4 公里金斗峪。占地面积 13 亩。为纪念 1969 年春黄河防凌抢险中牺牲的、济南军区在该县驻军指战员张秀廷等 9 名烈士而修建的。

"四八"烈士陵园

位于陕西延安城北 7.5 公里的李家坬。1946 年由于国民党政府不断在东北、华北等地破坏停战，逮捕共产党人。在重庆参加政治协商会议中共代表王若飞、秦邦宪同志，为向中共中央请示坚持宪章原则，停战、整军等协定的办法，于 4 月 8 日乘飞机由重庆返延安。同机的还有新四军军长叶挺、中共中央职工委员会书记邓发，以及教育家黄齐生，十八集团军参谋李少华，副官赵俊登、魏万古，叶挺的夫人李秀文及他们的孩子等一行17人，飞机抵延安上空时，因云浓雾大，无法着陆，又飞返西安。途中于山西兴县黑茶山失事遇难。烈士遗骨初葬在延安飞机场边，1957年在延安王家坪建四八烈士陵园，后移此。陵园规模宏伟，朴实大方。陵墓分层次排列，四周遍植苍松翠柏，庄严肃穆。主要建筑物有纪念堂、纪念塔、纪念亭、陈列室、陵墓台等。总面积为66000多平方米，其中建筑面积6000多平方米。1986年10月15日，国务院批准该团为全国重点烈士纪念建筑物保护单位。

"四保临江"烈士陵园

在吉林临江市城区西北部的猫耳山前。原为日本帝国主义供奉"天照大神"而建于1933年的"神社"址。1945年9月3日，抗日战争胜利后，被临江人民捣毁，同年12月8日，为安葬在"四保临江"战役中牺牲的东北民主联军将士，设陵园于此。陵园占地面积3.3万平方米。陵园大门为古牌楼式建筑，高 8 米、宽 6 米，正中有陈云同志所题楷书"浩气长存"4 个大字。墓区正门两侧有高 2 米的水泥方柱，分别刻着："为有牺牲多壮志，敢叫日月换新天。"门内为 1484 平方米的纪念广场。广场正中原为 1949 年所建的高 10 米，顶部有解放军战士塑像的纪念塔，塔身正面镌有刘澜波同志题写的："为人民解放事业死难烈士永垂不朽！"15 个大字，1967 年重建，塔高增至 14.6 米，正面镌刻"人民英雄永垂不朽"8 个大字。纪念塔左右两侧为烈士墓区。这里共有单人墓 9 座，6 人合葬墓 1 座，59 人合葬墓 1 座，61 人合葬墓 1 座，81 人无名烈士合葬墓 1 座，还有 8 排 101 位烈士墓群和 9 排 141 位烈士墓群。整个陵园安葬着抗日战争、解放战争、抗美援朝战争及社会主义革命和建设时期牺牲的 473 位革命烈士的遗骨（含无名烈士遗骨 206 具）。其中有：在"四保临江"第一次保卫战中牺牲的我军第三纵队第七师二十团团长温世友；"四保临江"第三次保卫战中牺牲的我军第三纵队第七师十九团一营一连二排排长，战斗英雄李安仁；第四纵队第十师师长杜光华将军。1980 年后，陵园几经维修，新建凉亭

2座，红砖围墙，绿树辉映，装点得整个陵园更加庄严肃穆。1989年8月20日，经国务院批准，该陵园为全国重点烈士纪念建筑物保护单位。

北安烈士陵园

位于黑龙江省北安市市区南侧，建于1948年，占地面积4万平方米。纪念建筑主要有：抗日暨爱国自卫战争革命烈士纪念塔。

北伐独立团烈士陵园

位于湖北武汉市洪山公园内。1986年10月建成。这是为纪念叶挺独立团在攻克武昌时牺牲的士兵而兴建的。北伐战争时，中国无产阶级革命家、军事家、中国人民解放军的创始人之一叶挺率领的国民革命军第四军独立团。它的前身是中共两广区委军事部部长周恩来组建的大元帅府"铁甲车队"。独立团以共产党员和共青团员为骨干组成，北伐战争时期隶属于国民革命军第四军，叶挺任团长。1926年5月，作为北伐先遣队开赴湖南、湖北前线，在攻占汀泗桥和贺胜桥两次战役中，击溃了军阀吴佩孚的主力，对开创北伐战争的胜利局面起了重大作用。由于该团英勇善战，战功卓著，为第四军誉获"铁军"的称号。1926年9月3日，北伐军对武昌城发起进攻，当天没有攻下，又决定5日拂晓总攻，叶挺独立团担任通湘门至宾阳门的攻城任务。强攻未遂。10月10日北伐军再度攻城。叶挺指挥独立团在通湘门附近架起云梯，越过城墙，首先突入武昌城。接着，北伐军一举攻下武昌，敌人全部覆灭。这次战斗中，独立团有191名官兵壮烈牺牲。国民革命军占领武昌后，该团扩编为国民革命军第十一军第二十四师。大革命失败后，参加了中国共产党领导的南昌起义。陵园高大牌楼正上方是邓小平题写的园名，矗立在陵园中心的纪念碑正面镌刻着徐向前题写的"北伐战争中牺牲的革命先烈永垂不朽"16个大字。

白城市革命烈士陵园

在吉林白城市火车站附近辽北路北侧。1947年始建。陵园占地面积2万平方米。园内安葬着解放战争、抗美援朝战争及社会主义革命和建设时期牺牲的革命烈士158位。其中著名的有解放战争中牺牲的中共辽吉省第五地委书记兼哲里木盟（今通辽市）政府主席吕明仁、哲里木盟盟委宣传部部长兼东科尔沁中旗旗委书记孙瑞符、通辽县委书记施乔及辽吉防疫委员会秘书长、辽吉军区卫生技术厂顾问李润诗等烈士。"文化大革命"期间，将苏军烈士墓由市内迁此。新中国成立后不断增修补建的有爱国保家自卫战争烈士纪念碑、陈列室，以及凉亭、花坛、围墙、甬道等。栽有松柏、丁香和榆叶梅等树木，环境整洁，庄严肃穆。

宁安革命烈士陵园

位于黑龙江省宁安市宁安镇西阁。建于1946年5月，占地 670 平方米。纪念建筑主要有：烈士纪念碑，为抗美援朝保家卫国而光荣牺牲革命烈士纪念碑。

永兴烈士陵园

位于湖南省永兴县城附近的桐子山上。这里树木葱郁，山清水秀，站在烈士塔前，山城的绮丽风光尽收眼底。永兴革命史上的著名人物：永兴第一位党的特别支部书记、县农协委员长黄庭芳、农运特派员杨仲芳、赤卫警卫团长尹子韶，以及刘壁璋、陈申街等 10 余人，先后壮烈牺牲。据不完全统计，第一次国内革命战争时期永兴牺牲的烈士不下 1000 人。

永城市陈官庄淮海陵园

河南省永城市陈官庄淮海陵园占地 170 多亩，纪念碑上镌刻着周恩来同志的题词："淮海英雄永垂千古。"纪念碑周围松柏常青，鲜花烂漫。后园林荫下是一片墓区，埋葬着在淮海战役中牺牲的解放军指战员650多名。还有纪念馆两座，共占地面积1020平方米。这里距县城5公里，距徐州约75公里，是1949年初聚歼26万敌人、胜利结束淮海战役的地方。陈官庄是第三次国内革命战争时期，淮海战役第三阶段的主战场。从1949年1月6日至10日，华东野战军在中原野战军的配合下，于1月6日对青龙集、陈官庄地区被围之敌发起总攻，经4日战斗，全歼第二、第十三两个兵团，俘徐州"剿总"副司令杜聿明，击毙第二兵团司令邱清泉。战役至10日胜利结束，历时65天，全部歼灭了国民党军5个兵团和1个绥靖区的部队，计22个军56个师（内有四五个师起义），共55.5万人，此外还击退了由南京方面屡次来援的敌第六、第八两个兵团。至此，基本上解放了长江以北的华东、中原地区，使国民党反动统治中心南京处在解放军的直接威胁之下。国民党反动统治集团从此陷入土崩瓦解的状态。

兰西烈士陵园

位于黑龙江省兰西县呼兰河河畔绥兰公路西侧，建于1957年3月，占地面积300平方米，安葬着13名革命烈士，纪念建筑有：李广寿烈士英豪立地墓碑。

汀泗桥北伐烈士陵园

位于湖北咸宁市汀泗桥火车站以北约500米的京汉铁路西侧西山头上，距汀泗桥镇500余米。为纪念北伐军大败吴佩孚而阵亡将士所建。1926年8月，国民革命军迅速从湖南向湖北挺进，军阀吴佩孚纠集主力扼守湖北咸宁境内的军事要隘汀泗桥，企图阻止北伐军前进。8月26日，北伐军向汀泗桥发起进攻，遭到敌人顽抗；27日，叶挺率领的独立团被调来增援，由于该团奋勇攻击，击溃吴佩孚主力，占领了汀泗桥。这次战役为北伐军直取武汉起了决定性作用。陵园由碑、亭、墓和纪念馆等组成。后经多次维修，现陵园主体建筑有纪念碑、六柱亭、墓、纪念馆等，占地2500平方米。纪念碑高5米，呈梯形。六柱亭，顶呈六方王冠形，高5.5米，由6根水泥圆柱支撑，钢筋水泥结构。墓呈半圆形，水泥结构。墓前立碑一块。纪念馆位于墓碑西侧，呈长方形，内设接待室和资料陈列馆等。

汉高帝长陵

亦名长陵，汉高祖刘邦的陵墓，在陕西咸阳市东窑店乡三义大队之北，陵呈覆斗形，陵墓东西长162米，南北长132.3米，高31.94米。为陕西省重点文物保护单位。刘邦（前256—前195），字季，沛（今江苏沛县）人，自耕农出身。做泗水亭长时，起兵响应陈胜、吴广农民起义，称沛公。陈胜、吴广牺牲后，他与项羽联合攻秦。秦亡后，楚汉相争又达4年之久，大战70次，小战40次，刘邦身负重伤12次，最后垓下决战，项羽失败。刘邦建立了统一的西汉封建王朝。他是我国历史上"以布衣提三尺剑有天下"的第一人。他出身下层，了解民情，并且知人善任，不拘一格，如任用当过小官吏的萧何为宰相，出身寒门的陈平为谋臣，屠狗为业的樊哙、编席为生的周勃等做将军，称为"布衣将相"。他重农抑商，释放奴婢；奖励垦荒，发展农业生产；迁徙六国旧贵族到关中，以加强控制，进一步巩固了地主阶级专政。但他在消灭异姓王的同时，又分封了同姓王，酿成以后的七国之乱；早期尚能豁达大度，在取得政权后，就疑虑多端，容不下出生入死的战友，斩韩信，诛彭越，伐陈豨，贬张良，故有歌云："狡兔死，走狗烹，飞鸟尽，良弓藏，敌国破，谋臣亡。"刘邦称帝后的13年（前195），箭疮复发，一卧不起，终年62岁，葬长陵。长陵东200米处有吕后墓，墓基边长东西153.9米，南北135米，高31.84米，呈覆斗形。

辽阳市革命烈士陵园

位于辽宁省辽阳市古城南面,坐落在东三里庄东南方的一块台地上,地处高阜,庄严肃穆。陵园石砌围墙,正方四合,占地22500平方米。陵园内白色的纪念馆横列园中的南部,中间是120平方米的纪念厅,两侧为360平方米的骨灰存放室,两侧又各有120平方米的长廊,供凭吊者小憩之用。巍峨的纪念塔矗立在陵园正中,塔高15.52米,塔座平台为40平方米,周围饰以方柱形护栏,均为水刷石罩面,呈灰白色。纪念碑的正面,黑色大理石衬地上,镌有王堃聘题的8个贴金大字——革命烈士永垂不朽!

辽沈战役烈士陵园

位于辽宁省锦州市。1955年始建,以纪念解放战争时期在辽沈战役中英勇牺牲的革命烈士。占地180120平方米。1986年10月列为全国重点烈士纪念建筑物保护单位。有一座解放军战士青铜塑像的辽沈战役革命烈士纪念碑。纪念碑总高14米，上部为重18吨、高6米的解放军战士铜像，碑身正面镌刻着朱德同志的题词："辽沈战役革命烈士永垂不朽。"辽沈战役是1948年9月12日至11月2日，中国人民解放军东北野战军在辽宁省西部和沈阳、长春地区对国民党政府军进行的一次大战役。此役除国民党政府军1万余人从营口上船逃跑外，共歼国民党政府军47万余人，解放了东北全境，并为解放平津和整个华北打下了基础。另在锦州还建有"辽沈战役纪念馆"。

尧陵

在山西临汾市东北35公里郭村西隅涝河北侧。尧都平阳城南有尧庙，城东筑尧陵，陵周土崖环屺，河山经陵前南泄。

松柏苍翠，陵丘耸峙，高 50 米，绕周 80 米。陵前筑有祠宇，相传为唐初所建。金泰和二年（1202）碑文载：唐太宗征辽曾驻兵于此，因谒尧陵遂塑此像。元中统年间道人姜善信奉元世祖命修筑尧陵，明成化、嘉靖，清雍正、乾隆间，都曾重修。现陵丘如故，松柏依旧。祠内有山门（门上为乐楼）、牌坊、厢屋、献殿、垛殿、寝殿、碑亭等建筑，布局紧凑，木雕精细，红墙绿瓦，圈以清流古柏，相映成画。祠内碑碣 10 余通，记尧王功绩与陵宇沿革。明嘉靖十八年（1539）尧陵碑上刻有尧陵全图，保存完好。尧，传说中父系氏族社会后期部落联盟领袖。陶唐氏，名放勋，史称唐尧。传曾设官掌管时令，制定历法。咨询四方部落首领，推选舜为其继承人。对舜进行三年考核后命舜摄位行政。他死后，即由舜继位。一说尧到了晚年，德衰，为舜所囚。其位也为舜所夺。

西山革命烈士陵园

坐落在黑龙江省逊克县奇克镇西山，建于 1973 年 10 月，占地面积2000平方米，安葬着30名革命烈士。纪念建筑主要有：革命烈士纪念塔。

西安烈士陵园

位于陕西西安市南郊长延堡。建于1951年。是三秦最大的一座陵园，总面积10.1万平方米。在这里安葬着2200多名革命烈士和革命老前辈的忠骨。其中有新中国成立前夕牺牲的王德安等9烈士墓；西侧为杜斌丞烈士墓，墓前有毛泽东亲题"为人民而死，虽死犹荣"字碑。正厅总面积2000平方米，前檐下镌刻毛泽东手迹"人民英雄永垂不朽"，厅间廊壁为展览栏，介绍英烈事迹。墓区位于厅后。陵园内苍松翠柏，肃穆庄严。1958年更名为"南郊陵园"。

西安广场烈士陵园

位于长春市西安广场。这里安葬着为解放长春而英勇献身的地下工作者于德五、王甲全等革命烈士。主要纪念建筑有：纪念碑。纪念碑正面镌刻着"革命烈士永垂不朽"8个大字，纪念碑体下部镌刻着碑文。

西彩石烈士陵园

坐落在山东省历城县彩石乡西彩石村东。1948年10月建。安葬着在1948年济南战役中牺牲的中国人民解放军第七纵队25名烈士。

团山烈士陵园

位于安徽省无为县县城西北35公里。这里原是皖中抗日根据地的心脏地带——皖城山区。皖江解放区是抗日战争中我党领导下的全国19个大解放区之一，也是华中7省7大解放区之一。1941年1月皖南事变发生，皖南突围部队大部北渡长江，抵达无为。新四军新的军部成立后，立即着手整编部队，将全军编为7个师。1941年5月1日新四军第七师在无为县组建。七师在血泊中牺牲，在战火中成长，驰骋于大江两岸，奋战在皖中大地，创建并发展了皖中解放区。七师在抗日战争的几年中，共进行战斗千余次，攻克日伪据点200多个，杀伤俘敌1.4万余人，解放区进一步扩大；沿江两岸从东到西250公里，从南到北150公里，包括无为、巢县等30个县，共300万人口。七师健儿由原来的1900多人发展到3万多人，并拥有民兵10余万。皖江军民配合兄弟解放军打退了国民党反动派的第二次反共高潮，和全国军民一起胜利地进行了对日寇的大反攻，取得了抗日战争的伟大胜利。1945年8月中旬，皖江区党委、七师部队、皖江行政公署在团山脚下的三水涧（七师师部常驻地）举行抗日阵亡烈士追悼大会，沉痛悼念那些为了祖国解放、民族生存而英勇牺牲的英烈。据不完全统计，牺牲的县、团级以上干部就近60人。1944年在一次反顽自卫斗争中，坚持在周家大山的独立团四连的1个排，在排长张开运率领下，与数倍于我的顽军作战，激战一天，终因寡不敌众，弹尽粮绝，23位同志全部壮烈牺牲。无数烈士的鲜血洒在皖中大地上。新中国成立后，为了缅怀英烈，激励今人，教育后代，安徽省人民政府于1958年在团山建立皖江堆命烈士陵园。安徽省政协原主席张恺帆同志为纪念塔题字："皖江革命根据地死难烈士永垂不朽"。从团山瞰视山下，便是皖江党委、新四军七师师部、皖江行政公署、无为县政府机关遗址。团山埋忠骨，陵园悼英雄，仰望雄伟的纪念塔，我们仿佛看到当年七师健儿那飒爽的英姿，仿佛听到"东进，我们是铁的新四军……"的雄壮歌声。

同江革命烈士陵园

位于黑龙江省同江市西南部，建于1984年9月。面积3万平方米。纪念建筑有：革命烈士纪念碑和章克、刁成美、鲁祥桢烈士的墓碑。

向警予烈士陵园

位于湖北省武汉市汉阳龟山上。向警予（1895—1928），湖南溆浦县人，我国妇女运动的领袖人物。1918年参加毛泽东同志组织的新民学会，次年赴法国勤工俭学，1922年回国，同年加入中国共产党。在党的第二、三、四次全国代表大会上当选为中央委员，并任中央妇女部部长。1928年春在汉口法租界被捕，5月1日英勇就义。当时海员工人、共产党员陈春和乘夜半无人时，抢收烈士遗体，用小木船运往汉阳六角亭安葬。1978年纪念烈士就义50周年时，省、市人民政府拨款12万元，由武汉市民政局负责将烈士墓从红色战士公墓中分出，迁至龟山顶新建。同年七一前夕落成。墓坐东朝西，面向月湖，为白色半圆形混凝土建筑，两旁修矮垣拱卫，墓后筑高墙为屏，墓前竖纪念碑，白色大理石上镌刻邓小平题写的"向警予烈士之墓"镏金大字，碑阴刻烈士生平事迹。碑顶立烈士半身塑像，展示烈士勇敢坚贞、正气浩然的光辉形象。碑座为黑色大理石砌成。整个陵园水泥铺地，面积为800余平方米，出口处连一曲折宽阔的梯道通达山脚。陵墓四周植云松、女贞，苍翠挺拔，幽静肃穆。1988年7月1日，向警予全身塑像在墓前落成。1986年10月15日，国务院批准该陵园为全国重点烈士纪念建筑物保护单位。

华东革命烈士陵园

位于山东省临沂城东南角金雀山、银雀山之间。落成于1952年，面积为290亩。陵园中心矗立五角灯塔式金石建筑的烈士塔。塔身正面镶着毛泽东题写的"革命烈士纪念塔"7个镏金大字。塔的下部为亭柱式构筑，四周碑上刻着刘少奇、朱德、刘伯承、陈毅的题词和山东省人民政府撰写的碑文。从塔往北走，通过一泓清水的五星池和广场，是一座双层宫殿式的烈士纪念堂。中堂大石碑的正面，刻有周恩来的题词："人民革命的烈士们永垂不朽"；背面刻有任弼时的题词。堂内四周大联碑上，刻着61813位烈士的英名。纪念堂的东西两侧，分别为革命战史陈列馆和烈士事迹陈列馆。纪念塔的南侧是墓区。新四军军长罗炳辉、国际共产主义战士汉斯·希伯，都长眠在这里。陵园的东南角建有一座罗炳辉石像亭，亭内的罗炳辉戎装石像栩栩如生，一身正气，令人肃然起敬。1986年10月15日，国务院批准该陵园为全国重点烈士纪念建筑物保护单位。

华北军区烈士陵园

位于河北省石家庄市中山路西段。为纪念抗日战争和解放战争中牺牲在华北地区的革命烈士而修建。始建于1949年，1954年8月1日正式落成，占地面积370亩，是我国兴建较早、规模较大、造型艺术性较高的烈士陵园之一。大门壁上镶嵌着"中国人民解放军华北军区烈士陵园"15个金光闪闪的大字。迎门是一座大喷水池，水柱从五朵石雕莲花中喷向高空，十分绚丽、壮观。喷水池后面的悼念烈士广场上，矗立着3座铜像，当年整装军人、游击队员、支前群众的威武、生动形象跃然眼前。"烈士灵堂"是该陵园的中心建筑。堂内正中是一个大型卧碑，上面刻着毛泽东同志"为国捐躯，永垂不朽"的金字，四壁有刘少奇、朱德等同志撰写的8座汉白玉石碑，颂扬烈士事迹。卧碑顶端镶着奥地利侨民制造的铜铸花圈。这个铜铸花圈表达了国际友人对革命先烈的崇高敬意和无限哀思。灵堂内陈展着烈士遗像和英名录。灵堂后面是烈士陵墓，埋葬着700多名烈士。正中为赵博生、董振堂两烈士纪念亭。烈士墓均为花岗石墓身，以汉白玉做墓碑，墓顶为花池。陵园中心轴线的东西两侧，对称的坐落着白求恩、柯棣华大夫的陵墓和爱德华博士纪念碑，两个陵墓前的广场上，分别矗立着白求恩、柯棣华的高大汉白玉雕像，表达了中国人民对这两位伟大的国际主义战士的怀念和崇敬。园中还有纪念亭、展览馆等建筑。陵园珍藏有红军时期、抗日战争时期和解放战争时期的革命文物1.3万件，烈士和历史照片1000余幅。陵园中轴线左侧圆形纪念碑亭中，立有高大的四面体纪念碑。碑上分别镌刻着华北行政委员会的题词："为解放中国人民为保卫世界和平而光荣牺牲的革命烈士们永垂不朽"；中国共产党中央委员会华北局的题词："革命烈士永垂不朽"；中国人民解放军华北军区的题词："烈士功绩永垂千古"。陵园深处立有华北军区烈士陵园纪念碑，汉白玉碑身上镌刻着中国共产党中央委员会华北局1955年7月7日所撰写的《华北军区烈士陵园记》：

"华北人民永远不会忘记，从一九三七年以来，我们中华民族有多少英雄，为了民族解放和人民民主的伟大事业，在十四年抗日战争中牺牲了，在四年解放战争中牺牲了。在华北广大地区，滚滚的河流，巍巍的山岳，浩浩的平原，到处都曾洒过烈士们沸腾的热血。

我们永远记得，当年日本法西斯的铁蹄踏破了古老的长城，炮声响遍了整个华北。八路军和华北人民在一起，战斗在抗日的最前线。他们不怕牺牲，终于配合全国人民的斗争，把敌人打倒。当国民党反动派挑起内战的时候，我们优秀的子弟继续手执武器，和全国人民在一起，投入人民革命的行列，直到全国解放斗争的胜利。在长期艰苦的岁月中，无数的英雄前仆后继，气壮山河。在那烽火连天的战场，在那反动黑暗的刑场，当着烈士们拼死斗争慷慨捐躯的时候，他们高呼中国人民解放军万岁！高呼中国共产党万岁！高呼毛泽东万岁！

正是伟大的中国共产党，正是伟大的毛泽东，给人们以无穷的力量，去完成翻天覆地的事业；使人们有正确的方向，能赢得光辉灿烂的胜利。这力量已经打倒了帝国主义和国民党反动派在中国的统治；这胜利还要发展到社会主义和共产主义在全中国的实现。

不朽的烈士们用鲜血浇灌的解放之花，从今以后将更加瑰丽；我们后代的人民为着无限美好的将来，更将奋勇直前。让不朽的烈士们永远活在我们的心里！让烈士们的功勋永远记在人民的历史上！让烈士们所献身的人民解放事业永远胜利！让光芒万丈的共产主义事业永远照耀着我们前进的道路！"

1986年10月15日，国务院批准该陵园为全国重点烈士纪念建筑物保护单位。整座陵园松柏葱郁，庄重肃穆。

华容县烈士陵园

位于湖南省华容县城东斗岗山上。建于1960年。华容县是湘鄂西革命老根据地的重要组成部分。在战争年代，先后有3500多位先烈献出了宝贵生命，其中著名烈士有赴法勤工俭学的高风、毛遇顺，有毛泽东同志亲笔题词的蔡协民等。1983年何长工同志来到该园，题写了"革命烈士永垂不朽"和"华容县烈士陵园"的匾额。

自贡市烈士陵园

位于四川省自贡市。园内有一座高21米的革命烈士纪念碑。纪念碑是为纪念秋收起义总指挥卢德铭、红三军团参谋长邓萍、红岩英烈江竹筠，以及近千名自贡市籍革命烈士而修建的。园内还竖有卢德铭、邓萍、江竹筠烈士的汉白玉半身塑像。1986年10月15日，国务院批准该陵园为全国重点烈士纪念建筑物保护单位。

舟山烈士陵园

在浙江定海区城关北门外。为纪念在新民主主义革命及社会主义革命和建设中牺牲的革命烈士而建，有烈士墓及朱德题词的纪念塔和郭沫若题词的碑坊。

齐齐哈尔市烈士陵园

位于黑龙江省齐齐哈尔市。又名西满革命烈士陵园。始建于1947年8月16日。当时西满军区司令黄克诚、黑嫩省政府主席于毅夫为陵园破土奠基，1948年4月5日落成，是黑龙江省最早建立的革命陵园。陵园正门曾悬挂黄克诚亲笔题字的匾额，正门西侧竖有一座纪念碑。墓区前面建有革命烈士纪念堂和灵堂，分别陈放着烈士的遗物和中共中央东北局等党政军领导机关的题词、挽联。陵园内安葬着260位各个时期的革命烈士。

安达革命烈士陵园

位于黑龙江省安达市市区北一道街，建于1952年，占地面积1.27万平方米。园内设灵堂，安放162名烈士骨灰。纪念建筑主要有"为革命事业而牺牲的烈士们永垂不朽"纪念碑。

讷河革命烈士陵园

位于黑龙江省讷河市讷河镇人民公园内。建于1979年。占地面积1万平方米。园内设有纪念堂、安放着656位革命烈士的骨灰。

刘志丹烈士陵园

位于陕西省志丹县（原名保安县）西北的高山上。为纪念中国无产阶级革命家、陕甘革命根据地和中国工农红军第二十六军的创建者之一的刘志丹烈士而修建于1940年，后被胡宗南军队破坏，新中国成立后，又进行了修复。陵园围墙用方形十字花砖砌成。陵园内有刘志丹同志的石刻像和方柱形纪念碑，纪念碑上刻有任弼时同志手书的"陕甘宁边区创造者"8个大字。纪念碑基石用卵石砌成。陵园内院的四周各有古亭一座。刘志丹的陵室是一拱形窑洞，共有3间，外形和普通房子相同，窑洞正中壁上有刘志丹烈士的画像，左面墙壁有毛泽东同志亲笔题词："民族英雄。"右面墙壁上有朱德同志的题词："红军模范。"此外还有其他中央领导人的题词。窑洞后是烈士墓。刘志丹（1903—1936年），陕西保安人。1924年加入中国社会主义青年团。1925年加入中国共产党。同年秋去黄埔军校学习，毕业后回西北在国民革命军中工作。大革命失败后，1928年与谢子长一起领导渭华起义，次年任中共陕北特委军委书记。1931年任西北反帝同盟副总指挥、中国工农红军陕甘游击支队总指挥。1932年创建中国工农红军第二十六军，建立陕甘革命根据地。1935年任红十五军团副军团长兼参谋长、西北革命军事委员会副主任、北路军总指挥。10月任红二十八军军长。坚持党的正确路线，与党内右倾和"左"倾机会主义进行了坚决斗争。1936年4月率领红二十八军东征抗日到山西，遭到国民党反动派阻击，在中阳县三交镇牺牲。1986年10月15日，国务院批准该陵园为全国重点烈士纪念建筑物保护单位。

刘胡兰烈士陵园

位于山西省文水县云周西村。为纪念15岁的女共产党员刘胡兰在人民解放战争中英勇不屈、同敌人进行斗争而建立的一座有民族风格的陵园。陵园内还有刘胡兰纪念馆。该馆于1957年1月刘胡兰就义10周年时落成开放。陵园由门楼、塑像、纪念碑、纪念馆和陵墓组成，刘胡兰塑像挺胸昂首而立，目视前方，表现出视死如归的大无畏精神。纪念馆里展出刘胡兰的生平事迹和革命文物，其中有毛泽东同志的亲笔题词"生的伟大，死的光荣"和其他领导人的题词。这里是对青少年进行传统教育的好地方。刘胡兰（1932—1947），山西文水人，女。1946年加入中国共产党为候补党员。她积极领导当地群众参加土地改革和支援前线斗争，曾先后担任村妇救会秘书、区妇救会干事。1947年1月12日，地方军阀阎锡山的军队突然袭击该村时不幸被捕。在敌人的武力威胁面前坚贞不屈，从容地就义于敌人铡刀之下。同年2月，她被追认为中国共产党正式党员。中共中央毛泽东主席为她亲笔题词："生的伟大，死的光荣。"1986年10月15日，"刘胡兰纪念馆"被国务院批准为全国重点烈士纪念建筑物保护单位。

农安烈士陵园

位于吉林省农安县农安镇兴华路北。建成于 1948 年 10 月，后经 3 次整修与扩建，现已初具规模。面积为 1 万平方米。烈士纪念塔屹立于陵园中央，高 12 米。鲜红的五星镶嵌在塔的顶端。塔身的上半段四面镌刻着醒目的大字：南面为"烈士纪念塔"；背面为"为农安人民翻身而牺牲的烈士虽死犹生"；东面为"烈士们未竟事业由我们继承"；西面为"你们为人民而流尽了鲜血永远留在人民心里"。塔身中段东、西、北三面刻着烈士们的姓名、籍贯和所在单位，共 377 人。其中有部队指战员、武工队员、县区乡干部等。中段下是碑文，碑文上记载着烈士们的丰功伟绩。碑文于 1968 年被更换，1978 年 7 月修复，废除更改过的碑文，复用了原碑文。碑文下是塔座，最底层则为坦荡如砥的祭坛。绕着塔前的圆形花池，一条平坦的甬路直通正门。纪念塔的后 3 排水泥砌成的烈士墓肃然而立。农安县第一任县长刘德彪和长农支队参谋长马润生则长眠在此。墓后又是一条甬路两侧各有一长方形花池，满栽奇花异草。甬路的尽头为烈士灵堂，里面安放着烈士的骨灰盒。

关陵（河南洛阳）

亦称"关帝冢""关林"。在河南洛阳市南7公里。传为埋葬三国时期蜀汉名将关羽首级之处。前有关羽祠庙，后有关羽冢。今存建筑为明、清时所修。主要有舞楼、拜殿、大殿、二殿、三殿、钟鼓楼等。关羽冢高20米，以砖围砌。冢前八角亭1座，内立石碑，上刻关羽封号和传记。大门、仪门各3洞，甬道两侧雕置石狮100余只，姿态各异；另有石坊、石栏、华表及木雕故事画等，庙内古柏千株，苍翠蓊翳。关羽，字云长，河东解县（今山西临猗西南）人。东汉建安二十四年（219年），镇守荆州时，遭东吴袭击被俘，为孙权所杀，并收首级送至洛阳献给曹操，操以王侯之礼葬于洛阳城南。

孙吴革命烈士陵园

位于黑龙江省孙吴县城东北部，建于1958年8月，占地面积4万平方米，安葬着64名革命烈士。

红军烈士陵园

位于贵州省遵义市老城红军山。这里漫山松柏碧翠，花木繁茂。1935年2月，中央红军回师遵义时，曾在这里和敌人鏖战。万绿丛中有邓平墓。山顶有红军坟，内葬一位被国民党杀害的红军卫生员。附近有遵义会议纪念公园。该陵园建于1958年。主要纪念建筑物有邓小平同志题写碑名的"红军烈士纪念碑"。1986年10月15日，国务院批准该陵园为全国重点烈士纪念建筑物保护单位。

李大钊烈士陵园

坐落在北京市香山东南万安公墓内。李大钊（1889—1927），中国最早的马克思主义者。无产阶级革命家，中国共产党的创始人之一。字守常，河北乐亭人。1927年4月6日被军阀张作霖逮捕，坚贞不屈。4月28日在北京牺牲。其灵柩一直停放在宣武区（今西城区）妙光阁浙寺。1933年4月，灵柩迁到万安公墓。当时的墓碑为刘半农所书，但鉴于当时的历史情况，墓碑不能树立。1983年10月29日，李大钊烈士陵园落成，陵园坐西朝东，占地2200平方米。进门是李大钊烈士全身汉白玉雕像，雕像后是1983年3月18日重新迁葬的李大钊烈士墓和夫人赵纫兰同志墓。旧墓碑立在墓侧，墓后还新立一座宽4米、高2米的济南青花岗石纪念碑，正面镌刻着邓小平同志的题词："共产主义运动的先驱，伟大的马克思主义者，李大钊烈士永垂不朽！"背面是李大钊烈士的生平碑文。纪念碑后是烈士革命事迹陈列室。陈列室里，陈列一块写有"中华革命领袖李大钊同志之墓"的石碑。这是河北省反帝同盟和中国文化总同盟北方同盟等组织，将一直停放在宣武门外妙光阁浙寺的李大钊灵柩安放在万安公墓时埋在墓前的。当时由于白色恐怖，这块碑未能竖立。1986年10月15日，国务院批准该陵园为全国重点烈士纪念建筑物保护单位。

李时珍陵园

位于湖北蕲春县蕲州镇东门外雨湖之滨。李时珍（1518—1593），明代杰出的医药学家，《本草纲目》的作者。陵园占地4公顷，大门的匾额"李时珍陵园"为郭沫若同志所书，门旁是一片荷花塘，距荷塘20米处为李时珍半身塑像，下面刻有李时珍的生平及对他的评价。塑像后面为石碑坊和李时珍与其父的墓地。纪念亭在墓右侧。亭的右侧是陈列室，共分4部分，全面介绍了李时珍成长过程，为百姓治愈疑难病症的动人故事，以及他的《本草纲目》和《本草纲目》的日文、英文、朝鲜语、德文等各种译本和节译本。同时还展出世界各国著名的科学家对李时珍和其巨著《本草纲目》的高度评价。陈列室的前面按《本草纲目》的条目种植了大面积的中药材，名曰"国药园"。

杨子荣烈士陵园

位于黑龙江省海林市城东山之巅约 7 万平方米的松林中。杨子荣是我军著名的侦察英雄，1947 年 2 月在剿匪战斗中牺牲。同年，为纪念杨子荣烈士及其战友为党为人民建立的不朽功绩，烈士生前部队在海林镇东山脚下竖立高 3.1 米、宽 1.4 米的木制纪念碑，上刻"英名永在浩气长存"8 个大字，两侧建杨子荣、马路天二位烈士墓。1959 年 7 月，当地人民政府按原样重修。1966 年 9 月，迁至东山顶重建，纪念碑用红砖垒座，石料垒面，镌刻"革命烈士纪念碑"7 个大字，背面镌刻着杨子荣等42位烈士英名。杨子荣、马路天二烈士墓前立烈士碑。1969年5月，第4次修缮，碑高增至10米，基座阔15平方米，用花岗石筑成。杨子荣烈士英名位于碑背面上方正中，左侧高波，右侧马路天，陵园面积7万平方米。1985年维修杨子荣烈士墓。1988年将杨子荣、马路天二烈士墓改用花岗石料，高1米、长2.5米、宽1.2米，呈梯形，庄严肃穆。杨子荣墓坐落在纪念碑左侧，墓前立有"杨子荣烈士之墓"石碑，高3.1米，象征英雄牺牲的年龄（31岁）。1976年陵园内杨子荣烈士纪念馆落成，陈展着杨子荣等烈士遗物、生平、战斗事迹。1987年经中央军委批准，增加"杨子荣排在前进"馆。整个陵园青松挺拔。

杨虎城烈士陵园

在陕西省长安区韦曲镇东南1.5公里的双竹村，北距西安市约12公里。北倚雄伟的少陵园，距杜公祠很近，西邻牛头寺，东接杜曲，南临樊川。杨虎城（1893—1949年），国民党爱国将领。1893年11月26日生于陕西省蒲城县孙镇甘北村。曾参加辛亥革命和反对袁世凯的护国战争。1916年后，历任陕西陆军营长、陕西靖国军第五游击支队司令、第三路第一支队司令和第三路司令。1924年任国民军前敌总指挥，1925年任第三军第三师师长，开始与中国共产党合作，接受共产党员在军中从事政治工作。1927年参加国民革命军，历任国民联军第十军军长、国民革命军第二集团军暂编第二十一师师长。1929年被蒋介石拉拢，任国民党新编第十四师师长、第十七路军总指挥，参加蒋介石与阎锡山、冯玉祥之间的新军阀混战。随后又一度兼任陕西省政府主席。1932年任西安绥靖公署主任。在中国共产党抗日民族统一战线政策的影响下，1936年12月，和国民党爱国将领、东北军张学良一起发动西安事变，扣留蒋介石，逼蒋联共抗日。西安事变后，被蒋逼令辞职"出洋考察"。1937年抗日战争爆发后回国，要求参加抗战，被蒋介石囚禁于贵州息烽、重庆中美合作所等地长达12年之久。1949年9月17日惨遭杀害，次子拯中、幼女及秘书宋绮云夫妇和女儿,副官阎继明、警卫员张醒民同时遇难。1950年1月30日,杨虎城将军等人灵榇被运到西安。1月31日到2月6日,西安党政军各界及群众团体分日公祭,2月7日安葬于此。墓前高大碑石上刻有"杨虎城将军之墓"7个大字。周围青松挺拔,令人肃然起敬。1989年8月20日,国务院批准该陵园为全国重点烈士纪念建筑物保护单位。

杨根思烈士陵园

在江苏泰兴市根思乡根思村(原名羊货郎店)。1955年建陵园,1978年续加修建。内有彭德怀题字的纪念碑、杨根思塑像、纪念堂、墓及墓碑。杨根思(1922—1950),国际主义战士。江苏泰兴人。1944年参加新四军。1945年加入中国共产党。历任班长、排长、连长。历次作战英勇顽强,曾荣获战斗模范、爆破大王、华东三级和一级人民英雄称号。1950年9月出席了全国战斗英雄代表会议。同年10月参加中国人民志愿军。11月29日，在朝鲜咸镜南道长津郡下碣隅里围歼敌人的战斗中，他带领一个排坚守小高岭阵地，打退了敌人数次反扑。当战斗到只剩下他一个人时，抱起炸药包，冲入敌群，猛拉雷管，炸死大量敌人，完成了切断敌人后路的任务，自己壮烈牺牲。中国人民志愿军领导机关为他追记特等功，授予"中国人民志愿军特级英雄"称号。他还荣获"朝鲜民主主义人民共和国英雄"称号及金星奖章、一级国旗勋章。他生前所在连队被命名为"杨根思连"。家乡人民为他建了纪念馆、纪念堂，立了纪念碑。

杨公烈士陵园

坐落在四川省潼南区城郊尖子山。为纪念中国无产阶级革命家杨公烈士而建，落成于1987年4月20日。杨公（1898—1927年），四川潼南人。早年曾参加反对袁世凯独裁的斗争。1917年留学日本，参加留日学生的爱国运动。1920年回国。

1922年在成都结识了成都中国社会主义青年团负责人童庸生，不久即加入了中国社会主义青年团。1925年加入中国共产党。同年冬成立中共四川地方委员会，被选为书记，领导四川地区的革命斗争。1926年任中共四川地方委员会军事委员会书记，领导建立革命武装配合北伐战争。1927年三三一惨案后被国民党政府逮捕，同年4月6日被杀害于重庆佛图关。陵园占地11.5亩，入口牌坊上写着邓小平同志1987年2月题写的"杨公烈士陵园"6个大字。烈士陵园里有高3.15米的红色花岗石烈士塑像。烈士墓前有一石刻花圈。棺体前为朱德同志所题："中共四川地方委员会书记杨公烈士之墓"。墓后的碑石后面，是邓小平同志亲题的"杨公烈士永垂不朽"8个镏金大字。墓两侧白色巨碑上刻着吴玉章、聂荣臻、廖汉生、张爱萍、任白戈等老一辈革命家的题词。

杨靖宇烈士陵园

位于吉林省通化市江东小山上。杨靖宇（1905—1940），中国无产阶级革命家、人民军队的杰出将领、东北抗日联军的主要领导人。原名马尚德，河南确山人。1940年2月率部在濛江（今靖宇县）地区与日军激战，23日，不幸被敌人包围，弹尽粮绝，壮烈牺牲。陵园建筑规模宏伟、雅致。始建于1956年秋，于1958年2月23日正式开放。建筑面积2万平方米，东西长200米，南北宽100米，四周有围墙，陵园大门气势昂然，门上镶有"靖宇陵园"4个大字，在宽大的阶石陪衬下显得格外壮观。园内共有5座宫殿式建筑物，四周有砖围墙。陵园主体建筑是灵堂，灵堂前厅正中安放着杨靖宇烈士塑像，两侧摆着党和国家领导人与生前好友敬送的花圈、匾额、挽联，还有朝鲜人民伟大领袖金日成敬献的花圈。正面墙壁悬挂着朱德同志题词："人民英雄杨靖宇同志永垂不朽。"两侧是谢觉哉、邓华、周桓、周保中、冯仲云等同志题词。连接灵堂的后厅是拱形墓室，正中安放着杨靖宇将军的遗体，以棺椁成殓。第一、二陈列室共分八个部分陈列着杨靖宇将军的生平事迹：第一部分，青少年时代；第二部分，初期革命活动；第三部分，组织群众开展抗日游击战争；第四部分，贯彻党的政策，壮大抗日武装力量；第五部分，领导抗联一路军，英勇打击敌人；第六部分，艰苦奋斗，坚持抗日；第七部分，壮烈殉国，前仆后继；第八部分，苍松翠柏，万古长青。并于两个小陈列室陈列着东北抗日联军第一路军27名烈士简介。杨靖宇将军及其领导的东北抗日联军第一路军，在艰苦卓绝的抗日游击战争中，充分表现了中华民族在任何敌人面前决不屈服的伟大精神。他们为了民族的生存和解放，不惜一切，流尽了最后一滴血，不愧为中华民族的优秀儿女。他们的不朽业绩和艰苦奋斗、坚贞不屈的崇高品德，是革命的楷模，永远值得我们后来人纪念和学习。1986年10月15日，国务院批准该陵园为全国重点烈士纪念建筑物保护单位。

杜甫陵园

坐落在河南省巩义市。1982年12月动工兴建，1990年10月1日落成并对外开放。杜甫是我国唐代伟大的现实主义诗人。他的诗被奉为中国诗歌的最高典范，他本人则被誉为"诗圣"。在1962年斯德哥尔摩世界和平理事会上，杜甫被列为世界文化名人之一。杜甫生于巩县，也葬于巩县。为弘扬灿烂文化传统，激励今人和后人忧国爱国之志，经批准，巩县（今巩义市）人民和一些国内外人士集资整修扩建杜甫陵园。陵园主要纪念建筑除杜甫墓外，还有仿唐代建筑风格的纪念馆、杜甫诗意画展室、杜甫碑林、品诗亭、大型杜甫雕像等。陵园内遍植杜甫诗中常写到的枣树、石榴树、柿树及松、柏、花草，环境幽雅，古朴庄重。陵园内立有杜甫陵园修建记碑，上面镌刻着由杜甫陵园筹建委员会所撰写的《杜甫陵园修建记》：

"巩县城西有邙岑焉，其上垒垒古冢，多已为榛莽掩没，得名于世者惟杜甫墓耳。杜甫墓位于田垅之间，菽稷四周，当秋风乍起，则凋木横斜衰草纷披，一望萧疏，然拜谒者不绝如缕。盖世人不以陵寝巍峨而崇仰，不以黄土一杯而废礼，仰慕至切者杜甫诗名也。

杜甫一生坎坷，十年长安困守，及至安史之乱，流离陇蜀、漂泊荆湘，国家安危，百姓生死，诗人皆系之于心毕陈于诗。故唐人赞其诗为'诗史',后人尊杜甫为'诗圣'。1962年,世界和平理事会列其为世界文化名人。杜甫虽名播环宇,而墓冢之凄清景象,使拜谒者无不为之憾然。杜甫归葬如初,值国家离乱之余,墓前曾竖志名碑一方,今视之,弥足珍贵,风雨千载,殆赖于春祀秋尝欤另有清碑二:一为康熙十九年立,有记;一为乾隆四十四年立,乃名书画家童钰应邑令之邀而书。后历经修葺,杜墓得以不泯,迨新中国成立,政府曾明令保护,而建陵园之举未及实施,近年刘君黑记与诸同好论及杜诗,为诗人忧国爱民思想而激励,深感诗人之伟大,遂有建园之议。后邀有关专家论证,于是勘定园基焉,社会各界有识之士相继成立理事会、顾问委员会、筹建委员会,并公推刘君搽理其事。嗣后厂矿企业、义士名流、慷慨解囊,鼎力相助;文化、新闻等社会各界亦竭诚支持。此举深受县委、县政府赞许,并多方予以指导,以使陵园布局方案顺利实施,其营建设计皆仿唐式,诗圣雕像乃出之名家。今周有城垣,南辟门坊,像已竖,亭已立,园内遍植松柏,并杂以花竹之属。园后有碑廊透迤,乃集古今书家名笔也。现一期工程告竣,规模初具,吾等亦略感宽慰。三年来，诸同志夙夜不懈孜孜以求者，谨尽其绵薄，以示敬慕诗圣之至诚，非图报也。为述其缘起，特立石以志。

本筹委会殷切期望钦仰诗圣之中外学者、闻人、华夏后裔，以及工商企业、机关团体等各方贤达，献计献力，共襄大业，俾使待建工程赓续施行。如是则吾等幸甚，巩县人民幸甚。"

扶余市烈士陵园

坐落在吉林省扶余市扶余镇。这里是解放战争时期三下江南、四保临江的前线基地。在历次革命战争中，扶余市先后有1500余名优秀中华儿女为祖国解放事业壮烈牺牲。董存瑞式的爆破英雄梁士英烈士，家住该市三岔河镇。为褒革命先烈的英雄业绩，继承和发扬烈士的革命精神，市人民政府于1952年在靠松花江畔建立了烈士陵园。建园时占地面积为128亩。园内建有烈士纪念碑以及为东北民主事业而牺牲的第三师十旅二十八团全体革命烈士塔、一二四三团苏联红军烈士墓各1处，纪念亭1处。

抗日山烈士陵园

位于江苏省赣榆区抗日山。抗日山原名马鞍山，位于赣榆西部夹谷山南端。自八路军一一五师教导二旅在此修建抗日烈士纪念塔起，在1941年至1944年间，一一五师教导二旅、山东省军区和滨海地区广大军民曾4次兴工为死难烈士建碑建碣，遂改称为"抗日山"。抗日山烈士陵园占地600余亩，分为10个坡段。园内安葬着750多位烈士的忠骨，碑碣上刻着3576位烈士的英名。其中有八路军、新四军抗日将领符竹庭、彭雄、田守尧，也有国际反法西斯的英勇斗士——德国共产党员汉斯·希伯、日本反战同盟成员中野博（汉名金野博）。主要纪念建筑有抗日山革命烈士纪念馆等。为纪念抗日战争胜利

40周年，赣榆县广大党员干部群众自愿捐资10余万元，连同省拨款43万元，对陵园重新修缮。修缮后的陵园更加巍巍壮观。1989年8月20日，经国务院批准该陵园为全国重点烈士纪念建筑物保护单位。

抗美援朝烈士陵园

坐落在风景秀丽的辽宁沈阳北郊。为纪念在伟大的抗美援朝战争中牺牲的优秀中华儿女而建。1962年10月25日落成。这里安葬着抗美援朝战争中牺牲的特级英雄、特等功臣黄继光、杨根思；一级战斗英雄、特等功臣邱少云、杨连弟、孙占元等122位战斗英雄及军、师、团职干部。整个陵园占地20余万平方米，由停车区、绿化区、瞻仰活动区3个部分组成。陵园内有一处烈士遗物陈列室，陈列着部分烈士生前用过的珍贵衣物和用品240余件。有一处120平方米的大型画廊，展出5位著名烈士的生平事迹和瞻仰活动情况的照片。陵园居高临下，四周有挺拔苍翠的长青松柏环绕，墓区遍植紫丁香、海棠、樱桃、小桃红和杨柳树等，使整个陵园显得格外庄严、肃穆。陵园正门汉白玉石柱上镶有郭沫若同志亲手题写的"抗美援朝烈士陵园"8个大字。陵区中心的抗美援朝烈士纪念碑，是用花岗石雕成的。碑体正面刻有董必武同志的题词："抗美援朝烈士英灵永垂不朽"。背面刻有郭沫若同志题诗手迹："煌煌烈士尽忠臣，不灭光辉不朽身，鸭绿江南花胜锦，北陵园畔草成荫，英雄气概垂千古，国际精神召万民，峻极高山齐仰止，誓将纸虎化为尘。"碑座正中的汉白玉方岩上，塑有"抗美援朝纪念章"图案的浮雕。碑座背面刻有经过周恩来同志亲自审定的抗美援朝战争概况的碑文："一九五〇年六月，美国在占领我国领土台湾的同时，纠集十五个国家的军队，打着联合国的旗号，对朝鲜民主主义人民共和国发动了侵略战争。

中朝两国唇齿相依，安危与共。在反对帝国主义的长期斗争中，两国人民一向相互支持，并肩战斗。中国人民岂能容忍外国的侵略，也决不能听任帝国主义对自己的兄弟邻邦肆行侵略而置之不理。一九五〇年十月，中国人民响应中国共产党和伟大领袖毛主席的号召，掀起了轰轰烈烈的抗美援朝、保家卫国运动，以自己最优秀的儿女，组成中国人民志愿军，跨过鸭绿江，迎击侵略者。

中国人民志愿军，同英雄的朝鲜人民军一道，在朝鲜劳动党和朝鲜人民敬爱的领袖金日成同志的领导下，进行了艰苦卓绝的战斗，终于打败了美国侵略者，迫使美帝国主义在一九五三年七月签订了停战协定。朝鲜祖国解放战争的胜利，保卫了中朝两国的安全，鼓舞了全世界人民反抗美国侵略的斗争意志，保卫了国家和世界的和平。

用马克思列宁主义、毛泽东思想武装起来的中国人民志愿军，在抗美援朝的斗争中，表现了崇高的无产阶级国际主义和革命英雄主义的精神。

中国人民志愿军的丰功伟绩，将千秋万代与日月争辉！

在抗美援朝战争中牺牲的烈士们，永垂不朽！"

每逢清明时节，辽宁省、沈阳市人民政府和各界人民代表、驻沈部队代表纷纷前来参加瞻仰、祭扫活动。前来瞻仰、祭扫的各界群众每年均有数十万人。周恩来总理曾于1963年6

月 22 日陪同朝鲜崔庸健委员长等贵宾专程前来陵园瞻仰烈士陵墓，并指导工作。1986 年 10 月 15 日，该陵园经国务院批准为全国重点烈士纪念建筑物保护单位。1990 年进行维修扩建。原碑已被新建高大纪念碑所替代。

护林灭火十二烈士陵园

位于西藏自治区米林县白那拉山下。中国人民解放军驻藏部队某部 12 勇士，于 1981 年 6 月 20 日为保护国家森林资源英勇献身。当时由于时间和条件的限制，烈士陵园建造得比较简单。为使 12 烈士的光辉事迹流芳千古，在地方有关部门的支持下，经烈士所在部队的精心筹备、施工，于 1984 年 8 月 1 日维建落成。维建工程是同年 2 月动工的。维建后的陵园有烈士纪念碑 1 座，并排的 12 个石砌烈士墓，墓前立有墓碑，上面镌刻着烈士的姓名。

孝丰革命烈士陵园

位于浙江安吉县孝丰镇龙袍坞。建于1984年7月。陵园占地面积1.2万平方米，建筑面积2000平方米。是为纪念1945年粟裕司令员率领的苏浙军区部队和国民党顽固派作战中牺牲的500名烈士而建。陵园内有革命烈士纪念碑、纪念馆等配套设施。纪念碑高12米，正面"革命烈士永垂不朽"的8个大字由张爱萍同志题写。

克山革命烈士陵园

位于黑龙江省克山县城西外，建于1948年5月25日，占地面积为2.6万平方米。园内安葬25名烈士。园内纪念堂安放120名烈士骨灰。纪念建筑主要有"爱国自卫战争烈士之墓"纪念碑、邵均冲烈士墓碑。

苏军烈士陵园

位于沈阳市和平区西塔街二段相睦东里1号。建于1945年。1945年,抗日战争进入最后阶段。3月9日,苏联红军出兵中国东北,对日作战,取得了反法西斯战争的胜利。为安葬在战斗中牺牲的红军官兵,驻沈苏军负责人经与沈阳市俄罗斯东正教会协商同意,从其所管理的基地中划出一块土地,埋葬了牺牲的红军官兵155名,在墓前修建了一座纪念碑,交教会管理。苏联驻沈总领事馆曾数次拨款,由教会神职人员主持维修。1956年3月30日,中苏双方签订了《关于交接在中华人民共和国的俄罗斯东正教会莫斯科大主教区所属东亚教区财产议定书》,根据议定书规定,沈阳市人民委员会宗教事务处于1956年10月24日接管了沈阳市俄罗斯东正教会的全部地产。红军基地由民政局派专人管理和维护。后责成沈阳市抗美援朝烈士陵园管理所管理。1962年公布为市级文物保护单位。陵园坐北朝南，呈长方形，正面为水泥素面院墙，辟有绿色铁门，上书"苏军烈士陵园"横额。园内耸立花岗石纪念碑1座。碑身为长方形，屏风式。碑身东西长为4.24米，南北宽1.12米，有4块汉白玉阴刻"战胜日本帝国主义斗争中的烈士永垂不朽"俄文碑文。两侧铭刻着埋葬在这里的烈士官衔姓名，碑顶镌刻着红色五星，中套黄色镰刀斧头。纪念碑周围整齐地排列着长方形的石砌烈士墓群，有红五星图案的碑顶，有的碑上刻有烈士遗像和烈士姓名。

吴禄贞纪念园

位于湖北省云梦县。为纪念辛亥革命80周年和辛亥革命先驱吴禄贞殉难80周年而建，于1991年10月落成。吴禄贞（1880—1911），字绶卿。湖北云梦人。光绪二十三年（1897）入湖北武备学堂。次年赴日本留学，入士官学校骑兵科，不久加入兴中会。1902年毕业归国，任武昌武普通中学堂教习，积极宣传革命。1904年4月奉调入京,任练兵处军学司训练科马队监督。在京时仍与湖北志士暗中联系。刘静庵被捕后,他曾竭力援救。1906年赴新疆伊犁考察新军。因忤陕甘总督升允,被撤去监督差使。1907年随东三省总督徐世昌赴奉天(今沈阳),充军事参议,旋任延吉边务帮办,根据实地调查,提出《延吉边务报告书》3册,证明延吉自古为中国领土,力破日本侵略阴谋。1909年4月升延吉边务督办,并任陆军协督统。次年初被调回北京,授以镶红旗蒙古副都统,派赴德、法两国考察军务,同年冬回国,调任陆军第六镇统制。武昌起义后,他率所部17000余新兵响应,赴滦州约张绍曾等举兵反清,又赴石家庄与山西革命军联系,拟联合北方新军直捣北京。他断然截住北洋军运往湖北的军火,并电奏清廷,要求停止进攻汉口。清廷怀疑其为革命党,但又不敢贸然将其撤换,特授予署理山西巡抚以笼络。1911年11月7日被袁世凯派人暗杀。"吴禄贞纪念园"占地3.9亩,内设有吴禄贞纪念亭、纪念碑、纪念像、吴禄贞夫人墓等多处景点。纪念像底座上全文镌刻着孙中山先生为他撰写的祭文。

湖北省政协主席沈因洛题写园名。

利津县烈士陵园

位于山东省利津县城以西1.5公里处的公路北侧，面积为14950平方米。烈士陵园的前身是烈士祠，建于1945年12月，位于县城内旧县衙门遗址上，原址建有烈士祠堂，祠内陈有烈士牌位，祠前矗立着一座建祠纪念碑，刻有"忠勇壮烈"4个大字和"利津县烈士祠堂碑记"一文。烈士祠堂门前广场南端建有烈士亭。烈士亭共分3层，高约15米。第二层内正中置有四面体的烈士碑，碑正面刻有"为国捐躯"4个大字，肃穆庄严。另三面有中国共产党山东早期革命领导人李竹如等33名抗日烈士的姓名、年龄、籍贯和职务。第三层的中间是泥塑的一个全副武装、威风凛凛，骑在战马上的人民战士塑像，栩栩如生，遥遥瞻望，像是正在接受人民的检阅，迎接新的战斗。塑像后上方高悬"烈士亭"3个金色大字的横匾。1969年渤海湾地震，烈士亭倒塌，1970年迁至城外西綦村前扩建，将原烈士祠、烈士亭的一切设施全部并入，定名为"利津县烈士陵园"。1972年建成，投资15万元，占地面积21.81亩。烈士陵园内迎门巍然屹立着一座四面体的革命烈士纪念塔，造型宏伟，塔高18.75米。塔的南北两面醒目地刻有"革命烈士纪念塔"7个大字。塔的顶部是五角星，永放光芒。烈士纪念塔左右两侧是柏油路，左侧通向烈士纪念堂。烈士纪念堂，平房9间，砖瓦结构，前出厦，堂前高筑前脸，上书"烈士纪念堂"5个大字。纪念堂内正面挂有长3米、宽1.5米的长方牌，上刻有"死难烈士万岁"6个金光闪闪的大字。牌的两边挂着全县312名部分烈士灵位牌。正厅墙壁上还挂着老一辈无产阶级革命家谷牧、肖华同志为李竹如烈士亲笔题词。纪念堂还展出李竹如烈士遗物等。烈士纪念塔右侧有一条柏油路直通烈士灵堂。烈士公墓安葬着73位革命烈士的遗骨。

延寿革命烈士陵园

位于黑龙江省延寿县延寿镇吉盛路北端西侧，建于1955

年5月，占地面积1.65万平方米，安葬18名烈士。纪念建筑主要有："革命烈士永垂不朽"纪念碑。

牡丹江市北山烈士陵园

位于黑龙江省牡丹江市北山公园。建于1947年9月18日，占地面积1.19万平方米。纪念建筑主要有：无名烈士纪念碑、抗日暨爱国自卫战争殉难烈士纪念碑。

沙市烈士陵园

坐落在湖北省沙市。为褒扬烈士业绩，教育后代，1958年4月，沙市第三届人民代表大会作出修建烈士陵园的决定。1959年在章华寺后面征地10公顷，将散埋的革命烈士遗骨迁葬，始建起烈士陵园（名为"革命烈士公墓"）并于1963年立碑。至1983年，陵园面积扩大到233.1亩，修建了烈士纪念馆、烈士骨灰陈列室和陵园办公楼。历年累计投资达54.7万元。1984年10月，沙市人民政府号召社会各界集资50万元，对烈士陵园再次进行扩建，并对陵园布局作了合理调整，改善了主要建筑设施，重建了烈士纪念碑，增设了游览场所。扩建后的烈士陵园，占地面积318.6亩，其中水域90亩，建筑面积1300平方米。主要纪念设施有：革命烈士纪念碑、烈士骨灰陈列室、烈士事迹陈列馆。该园现已成为全市人民休息游览的纪念性地方。陵园大门和围墙为仿古式建筑，全琉璃瓦装饰，主干道用花岗石铺筑，更显庄严肃穆。位于陵园中心新建的9层一顶的烈士纪念碑，高30.3米，气势雄伟壮观。首层镌刻着由程子华题书的"烈士精神永垂不朽"8个大字。碑文由市人民政府撰文，著名书法家黄亮书写。纪念碑前的28级台阶，象征着在中国共产党领导下的中国新民主主义革命的28年历程。碑后两侧，是烈士墓群，共500座。纪念碑左侧是烈士骨灰陈列室，室内设有展览厅，陈列有董必武给烈士陵园的亲笔题字和第二次国内革命战争时期湘鄂西革命根据地创建人之一李兆龙、抗日战争时期中共江陵县委书记彭祥麟、解放战争时期《中国学生导报》总社负责人陈以文，以及在解放沙市的战斗中英勇牺牲的孙良鸿烈士的事迹和革命遗物。整个陵园庄严肃穆。

汤原革命烈士陵园

位于黑龙江省汤原县汤原镇内。建于1960年，占地1万平方米，主要纪念建筑有：烈士纪念塔。

阿合买提江烈士陵园

在新疆伊犁哈萨克自治州伊宁市人民公园内。建于1959年。新疆三区革命领导人阿合买提江等烈士葬此。园内有纪念碑、墓碑、祭坛、陈列馆等。碑上分别以汉、维吾尔、哈萨克文镌刻着毛泽东1949年的题词："为民族解放及人民民主事业服务而牺牲的阿合买提江·卡斯米同志、伊斯哈克伯克·木奴诺夫同志、阿不都克里木·阿巴索夫同志、达力立汗·苏古尔巴也夫同志、罗志同志的精神永垂不朽！"墓碑用汉语、维吾尔文镌刻着烈士墓志："阿合买提江·卡斯米等烈士，为民族解放及人民民主革命事业，曾做出卓越的贡献。1949年中国人民革命胜利后，烈士们代表新疆各族人民出席成立中华人民共和国和中国人民政治协商会议第一届全体会议，前往北京途中因飞机失事，不幸遇难！烈士们的功勋，将载入史册永垂不朽！"烈士生前革命活动的照片、史料，陈放于陈列馆。陵园内还有游览休息区，景色幽美。

鸡冠山革命烈士陵园

位于黑龙江省鸡西市鸡冠区鸡冠山上。建于1959年9月29日。面积5472平方米，安葬24名烈士，纪念建筑有革命烈士纪念碑。

林口革命烈士陵园

位于黑龙江省林口镇振华山。建于1957年，占地面积3500平方米，安葬着124名革命烈士。纪念建筑主要有："革命烈士永垂不朽"纪念塔。

林县烈士陵园

位于河南林县城东南2公里的龙头山上。面积为2万多平方米。陵园坐南朝北，依山就势而建，周围松柏苍翠，环境幽静。陵园区有用汉白玉砌成的高15.6米的烈士纪念碑。纪念碑后是烈士纪念馆，馆内陈列着战争年代牺牲的近4000名林县优秀儿女的英名录卡片，有在抗美援朝战争中英勇牺牲的一级战斗英雄孙占元和二级战斗英雄栗振林烈士的遗像等。馆后是烈士陵堂，内放新中国成立以来牺牲的烈士骨灰。2个烈士公墓分别建在陵园的左右两侧，在抗日战争、解放战争中牺牲的烈士骨灰及无名烈士骨灰280余名安葬于内。出陵园后门是龙头山，山顶建六角亭1座，入亭眺望西北，可看到林县城全景。

林祥谦烈士陵园

坐落在福州南23公里的闽侯县祥谦乡枕峰山，福厦公路旁，乌龙江畔，背山面水，风景秀丽，水陆交通方便。整个陵园建设分五大部分，即陵墓、纪念堂、管理所、陵园大门、绿化广场。1960年10月动工修建，1963年2月7日全部竣工，整个建筑面积达5067平方米。林祥谦（1892—1923），二七大罢工领导人之一。福建闽侯人。1922年加入中国共产党。1923年2月1日，出席在郑州举行的京汉铁路总工会成立大会。由于受到军阀吴佩孚的阻挠和破坏，总工会决定4日举行全路总同盟罢工。他遂回江岸领导罢工斗争。7日，湖北督军肖耀南指使其参谋长张厚生将他逮捕，绑在江岸车站的电线杆上，逼他下令复工，他大义凛然，坚贞不屈，壮烈牺牲。林祥谦烈士棺木于1928年运回福州，当时在枕峰山边与其父母同葬，1961年1月举行了隆重的迁葬仪式。陵墓规模宏大。陵园大门两侧各有"祥谦陵园"隶书石刻4个大字。陵墓下有27级台阶，象征林祥谦2月7日遇难这个难忘的日子。上一百多层石级后，即为雄伟的纪念堂。"二七纪念堂"7个金光闪闪的大字，系郭沫若所书。朱德在1964年11月也为纪念堂题字："二七烈士永垂不朽。"全国人大常委会原副委员长何香凝为纪念堂画了一幅梅花，象征烈士在敌人面前像寒梅那样斗雪傲霜的革命气概。陵园还耸立着烈士全身塑像。1989年8月20日，国务院批准该陵园为全国重点烈士纪念建筑物保护单位。

松岭革命烈士陵园

位于黑龙江省大兴安岭地区松岭县政府东南，建于1972

年10月，占地面积780平方米，安葬着24名革命烈士。纪念建筑主要有："为国牺牲永垂不朽"纪念碑。

拉林革命烈士陵园

位于黑龙江省五常市拉林镇，建于1949年5月，占地2000平方米，纪念建筑主要有："为完成人民事业死有余荣"纪念碑。

英灵山烈士陵园

又名"胶东抗日烈士陵园"。坐落在山东省栖霞市牙山南麓的英灵山上。

茂林烈士陵园

在吉林省双辽市茂林镇。1986年10月26日落成。1947年，在解放战争中，郭玉亭等38位解放军战士血洒茂林，魂宿荒野。为缅怀先烈激励来者，1986年6月茂林人民集资修建该陵园。陵园占地20万平方米，内有水泥构筑的棺木群、烈士碑和烈士遗物展览柜。烈士碑基的边长38厘米，象征为38位烈士而建；碑身高1986米，寓意1986年落成。

茂陵

位于陕西省兴平市城东15公里（距西安市西北约40公里）处，是西汉帝王陵中规模最大的一座。它是汉武帝刘彻的陵墓。因西汉时茂陵属槐里县茂乡，故名"茂陵"。汉武帝刘彻（前157—前87），是西汉王朝的第5代皇帝。他活了70多岁，其统治延续50余年（前140—前87）。他在位时，正是汉朝的鼎盛时期，为适应国家统一的需要，在政治、经济、军事等方面，采取了许多措施，如削弱藩封势力，设刺使，加强了中央集权制；实行管盐铁，均输法与平准法等，发展了生产，减轻了人民的负担；汉武帝还加强了军力，击败匈奴的多次侵扰，保卫了疆土；并派遣了张骞，打通了河西走廊和中亚各国的交通，促进了中国与中亚的经济文化交流。茂陵始建于武帝即位后的第二年（前137），历时53年，耗资巨大，据说以全国每年赋税的三分之一用于修建陵园。建筑非常宏伟，墓内殉葬品极为豪华丰厚。据《汉书·贡禹传》中说："金钱财物、鸟兽鱼鳖牛马虎豹生禽，凡百九十物，尽瘗藏之。"相传武帝身穿的金缕玉衣、玉箱、玉杖等和武帝生前所读的杂经三十余卷，盛入金箱一并埋入。史书记载，西汉末，刘玄更始三年（25），赤眉军占领长安时，"破茂陵取物犹不尽"，当时茂陵就已经被盗。茂陵的墓冢，全用夯土打筑，形似"覆斗"，显得庄严稳重。今实测陵高46.5米，顶部东西长39.5米，南北宽35.5米，冢基边长240米，与《汉书》《新唐书》所载基本一致。陵园呈方形，东西城垣430.87米，南北414.87米，墙基5.8米，与《关中记》载"茂陵周回三里"基本相符。今东、西、北三面的土阙犹在。当时陵园内外有许多建筑物，除陵园周围有汉武帝的僚臣及富豪的住宅外，陵园内还建有祭祀的便殿、寝殿，以及宫女、守陵人员居住的房屋。1961年，国务院将茂陵公布为全国重点文物保护单位。

青山烈士陵园

位于黑龙江省德都县青山镇西南。建于1958年，占地面积1.25万平方米，安葬12名烈士。纪念建筑主要有："为祖国解放事业革命烈士永垂不朽"纪念碑。

雨花台革命烈士陵园

位于南京市中华门外1公里。雨花台原是古长江的堆积物，形成的时间可以追溯到二三百万年以前。由于长江砾石泥沙的不断沉积，地壳的激烈运动和地面升高，迫使长江西移，雨花台遂成远离长江的独立山丘。因为它是河床沉积物构成的山丘，顶部往往呈平台状，所以这里的山丘名字往往带有"台"字，如东岗台、中岗台、西岗台等。雨花台约高100米，长约3.5公里。雨花台共有3个山岗。东岗又叫梅岗，因东晋豫章内史梅颐曾经在此岗住过而得名。中岗是明代外郭风台门的所在，又叫风台岗。"死难烈士纪念碑"就建在此岗。西岗在明代外郭安德门外。作为建筑材料用的雨花石，多在此开采，这里通称石子岗。岗上盛产五彩石子，它是经过流水搬迁作用而磨圆的各种砾石，包括石英岗石和玛瑙石等，色彩艳丽，犹如石中生花一般，人们称为"雨花石"。因此，又称石子岗为玛瑙岗或聚宝山。明朝的南京南门——聚宝门（今中华门），即由此山而得名的。东岗永宁寺附近，即今雨花台，在蒋介石统治期间，雨花台成了屠杀共产党员和革命人民的血腥刑场。在雨花台遇害的共产党员、工人、农民、知识分子及各界人士达10多万人，恽代英、邓中夏、罗登贤等中共中央委员就是在此英勇就义的。为了纪念革命先烈，1949年12月14日经南京市第二届各界人民代表会议决议，在此建烈士陵园。于1950年春动工兴建在主峰上树立了雄伟的"死难烈士万岁"纪念碑，在先烈们殉难的地方，建立了"革命烈士殉难处"的牌坊。主峰下设有《革命烈士史迹陈列馆》。1964年4月，董必武同志为雨花台烈士陵园题诗："英雄洒血雨花台，暴露权奸尽蠢材。毕竟人民得胜利，斗争规律史安排。遗风遗物见遗风，先烈精神永进崇。踏着血痕仍迈进，红旗高举气如虹。"高度赞扬了先烈们前赴后继，不屈不挠，为革命壮烈牺牲的献身精神。1956年，江苏省人民政府公布雨花台烈士陵园为省级文物保护单位。1979年起对雨花台革命烈士陵园又进行大规模扩建。陵园正门是用苏州花岗岩垒砌的一对高达11.7米的石柱，象征着"十月革命"道路。面对陵园正大门，是用浙江青田县花岗岩雕刻的革命烈士群像的英姿，雕像由179块花岗石砌成，高10.3米，宽14.2米，厚5.5米，总重达1374吨。大门两侧各有一条环陵大道可达烈士纪念碑的雨花台主峰。纪念碑对面是雨花台革命烈士纪念馆，宏伟高大，具有民族风格，展出烈士遗物和文物史料。

枣阳市革命烈士陵园

位于湖北省枣阳城南岗地高坡上。革命烈士纪念碑巍然耸立，周围遍植松柏，庄严肃穆。革命先烈事迹陈列馆内，介绍了中国共产党枣阳县委，中共鄂北特委在枣阳成立、领导农民暴动、创建革命根据地的历史，还介绍了程祖武、谢远定、李金铭、余益庵等革命先烈和前辈的生平事迹，并展出了部分珍贵革命文物，是人民群众缅怀革命先烈的重要场所。

明孝陵

在江苏南京市东郊钟山南麓独龙阜玩珠峰下。明太祖朱元璋的陵寝。洪武十四年（1381）开始营建，次年葬入马皇后。马皇后谥"孝慈"，故名"孝陵"。洪武十六年建成，朱元璋死后葬入。建筑大致分两组。第一组为神道，从下马坊起，包括神烈山碑、大金门、红门和西红门（此两门已毁）、四方城（即"大明孝陵神功圣德碑"亭）到石刻止。石刻由12对石兽、1对石柱、4对石人和1座棂星门组成；随着山麓的起伏排列成一条长约800米的神道石刻，颇为壮观。第二组是陵的主体建筑，从石桥起，包括正门、碑亭、享殿、大石桥、方城、宝城。原中门和门内左右有廊庑30间，门外有御厨，左有宰牲亭，右有具服殿，都已毁坏。享殿仅存须弥座台基和清同治时建的一座建殿堂。方城是宝城前面的一座建筑，城上明楼楼顶已毁。宝城又叫"宝顶"，为一约400米直径的圆形土丘，上植松柏，下为朱元璋和马皇后墓穴。周围筑高墙，条石基础，砖砌墙身，为我国现存最大的帝王陵墓之一。明太祖（1328—1398），即朱元璋。明代的建立者。1368—1398年在位。幼名重八，又名兴宗，字圆瑞，濠州钟离（今安徽凤阳）人。出身贫农，少时在皇觉寺为僧。

元至正十二年（1352）参加了郭子兴都红巾军，韩林儿称帝时任左副元帅。1356年攻下集庆（路治今江苏南京市），称吴国公，废除了一些元代苛政，命诸将屯田。后接受朱升"高筑墙，广积粮，缓称王"的建议，壮大了自己的军力。1368年建都南京，国号明，年号洪武。同年攻克大都（今北京）。推翻元朝统治，以后逐步统一全国。他普查户口，丈量土地，均平赋役；兴修水利，推行屯田，并减轻对工匠的奴役。同时抑制豪强贪吏，制定《大明律》，废除宰相的职位，加强皇权，以巩固中央集权，为社会经济文化的进一步发展提供了有利条件。

昌都烈士陵园

坐落在四川昌都市昌都镇附近的达丁山上。为缅怀先烈，砥砺来者，纪念功勋，彰示后人，教育和激励子孙后代踏着英烈的足迹前进，陵园于1985年3月动工兴建，同年9月落成。整个陵园占地面积3万平方米。环境幽静，围以2米多高的青砖墙，里面分烈士陵园和公墓区。烈士陵园有361座烈士墓。烈士陵园和公墓区有界墙相隔，一扇小门沟通两院，便于管理和瞻仰吊唁，给人一种门内有院，院内还有院之感。主要纪念建筑有：六角亭、纪念碑、骨灰盒存放室等。

尚志革命烈士陵园

位于黑龙江省尚志市北岗。建于1965年5月，占地面积2.73万平方米。园内设有纪念馆。纪念建筑主要有：珠河抗日游击队纪念碑。

周村革命烈士陵园

坐落在山东省淄博市周村区周村公园东侧。1948年3月，周村获得第四次解放后，周村市人民政府于同年12月提议：

要为解放周村而牺牲的中国人民解放军指战员兴建革命烈士陵园，以资褒扬先烈，抚慰烈属，教育后人，并成立"征集战勤弗委员会"，以筹措建园经费。陵园初建于1949年，秋后完成，后陆续修建。陵园占地面积2100平方米。主要建筑有：南大门、战士塑像、烈士纪念碑、烈士墓群、烈士事迹陈列室、烈士骨灰堂、老干部骨灰堂、办公室、花卉温室等。南大门，建于1976年。高10米、宽32米，重檐牌楼，琉璃盖顶，水磨石装贴墙面，气势宏伟。牌楼正上方题刻着"革命烈士陵园"镏金大字，背面刻着"死难烈士万岁"草书金字；左右两侧衬墙上分别刻有"为有牺牲多壮志，敢叫日月换新天"。大门平行东西两侧各建有红砖瓦5间北屋；分别为"淄博市老干部骨灰堂"和"陵园管理处办公室"。烈士塑像，建于1971年10月，高3.5米，安置在3.8米见方的底座上。战士身披斗篷，右手前挥，左手持冲锋枪，表现出一派英姿。底座正面饰有一枚醒目的红五星，左右两侧分别塑有解放军战士和民兵共同作战的场景。由周村第二建筑公司承建。烈士陈列室，为二层前廊楼，长29米，宽10.7米，高9米，建筑面积678平方米。12根枣红色六棱廊柱，使这座陈列室具有一种独特的凝重风格。楼下一层，迎面正中为一面高1.3米，宽4.7米的紫绒布幕，上书"浩气长存"。幕后北、东、西三面墙上，书写着1052名烈士的英名；室内陈列着新中国成立以来省、市有关部分出版的烈士事迹丛书及革命烈士英名录；二楼陈列室展有：八路军山东纵队政委黎玉的照片；1945年8月八路军解放周村时的照片，《大众日报》关于解放周村的电讯稿、周村历任市长的简介及照片、周村战斗经过要图，支前民工的支前活动照片；周村战斗战绩统计表、华东野战军第九纵队颁发的四面"周村战斗模范连"等历史文物，展室共展出烈士照片48张、烈士事迹1079人次、烈士遗像5张。烈士纪念碑，高2.3米，宽87厘米，厚26厘米，正面阴刻楷书"浩气长存"4个大字，右上侧刻着"解放周村烈士纪念"、右下侧刻着"中华民国三十八年五月全体人民敬立"。烈士墓自东而西排列着：山东渤海军区第六军分区副司令员马晓云、八路军山东纵队第三支队司令员马跃南、八路军山东纵队第三支队独立营营长马天民烈士墓。"三马"烈士墓之后，为烈士墓群。墓群周围松柏翠绿，象征着烈士们的忠魂万古长青，永垂不朽。

依安革命烈士陵园

位于黑龙江省依安镇西北。建于1946年5月。面积2.6万平方米。安葬300名烈士。纪念建筑有：泰安战役革命烈士纪念碑、革命烈士纪念碑等。

依兰革命烈士陵园

位于黑龙江省桦南县城南。建于1975年7月1日，面积8800平方米。安葬13名烈士。纪念建筑主要有：革命烈士纪念塔。

佳木斯市西郊革命烈士陵园

位于黑龙江省佳木斯市西郊。建于 1949 年春。面积 9 万平方米，安葬 750 名烈士。

金太祖完颜阿骨打陵

位于黑龙江省阿城区金上京故城（俗称白城）会宁府遗址西侧约 300 米处。高约 13 米，夯土筑就，东侧可见夯层 6.5—11 厘米不等，黑黄土相间。陵址为正方形，周长百余米。现犹存一残石柱础，柱上突起的圆面磨得十分光滑，据称是斩将台遗物。金太祖完颜阿骨打（1068—1123）是世祖劾里钵第二子，为金朝开国皇帝，具有卓越的军事指挥才能，创造了很多以少胜多的战例，为女真族杰出的民族英雄。宁神殿陵址为金太祖初葬地，金初称太祖庙、太庙，是金朝的第一座宗庙。

炎帝陵

位于湖南炎陵县城西。1989年清明节前夕修复，对外开放。《晋书》里曾记载："炎帝神农氏晚年为民治病，采药到湖南，味毒草而殁弊长沙。"（晋·皇甫谧《帝王纪事》）宋朝罗泌所著《路史》也说："炎帝神农崩葬于长沙茶乡之尾，是曰茶陵。"据考，即今湖南西陲边城炎陵县。炎帝陵被红色围墙所围。进入院内，拾级而上，从午门入殿，一丈余高的围墙，把左右两排碑亭、拜礼亭、正殿、炎帝陵寝，围成一个长方形整体。屋宇庄严华美，庙堂宽敞。祠庙的周围山里，还有一千多年来历代相继建造的奉天寺、崇德坊、天使公馆、陪祭公馆、味草亭和洗药池，组成一个规模宏大的古建筑群。炎帝，传说中上古姜姓部落的首领，号烈山氏（一作厉山氏）。系少典娶于有氏而生，居于姜水（今岐水），后向东发展，因侵陵各部落，在阪泉（今河北涿鹿东南）与黄帝大战3次，被击败，后又联合黄帝击杀蚩尤。他始作耒耜，教民耕种，普尝百药，治麻为布，首辟市场。连绵五千年的中华民族，从古至今怀有永恒的向心力和凝聚力。

宜城市革命烈士陵园

坐落在湖北省宜城市城西岗上。1967年7月落成。为纪念平息"四六"暴乱而牺牲的革命烈士而建。1949年4月6日，国民党"襄西剿共司令部"司令张经武，纠集匪徒4000余人在宜城、南漳等地发动反革命暴乱，历时18天，使宜城的8个乡政权遭受严重破坏。中国人民解放军汉江独立一旅十三团，在地方武装配合下，于4月23日彻底平息了这次暴乱。在平息暴乱中亦有部分指战员献出了自己宝贵的生命。陵园南北长150米，东西宽70米，并建有纪念碑一座。

郑州烈士陵园

坐落在河南郑州市郊。耸立在园中的纪念碑高27米，正面镌刻着周恩来同志书写的苍劲有力、气壮山河的 8 个大字"革命先烈永垂不朽"。碑左有陈列馆，右有骨灰堂，馆堂对称。碑后是墓区，埋葬着数百名为解放郑州而英勇牺牲的烈士和本省一些著名烈士，吉鸿昌烈士墓就在其中。墓区内还建有鸿昌亭、雪枫亭、靖宇亭、焕先亭、群烈亭，亭中各立长方形巨碑一座。鸿昌亭碑的四面分别镌刻着胡耀邦同志书写的碑名"吉鸿昌烈士纪念碑"，聂荣臻同志的题词、薄一波同志的题词和中共河南省委、省政府撰写的碑文。雪枫亭碑的四面分别镌刻着李先念同志的题词，以及张爱萍、张震同志的题词，省委、省政府撰写的碑文。陈列馆分厅展出本省 100 多名著名烈士的史料，还陈列有本省烈士英名录全集 11 卷 13 册 600 多万字和河南出版的各种英烈事迹书刊。

孟良崮战役烈士陵园

位于山东蒙阴东南孟良崮。为纪念孟良崮战役中壮烈牺牲的烈士，于1953年修建。1947年5月11日，国民党军汤恩伯、王敬久、欧震3个兵团，共17个整编师，由临沂、泰安一线分成三路北犯，企图压迫华东野战军退至胶东的狭窄地区。华东野战军分出4个纵队钳制敌人左右两翼，而以5个纵队为主力，实行中央突破，集中歼灭汤恩伯兵团突出于蒙阴以东的整编七十四师。5月14日将该师分割包围在孟良崮山区。华东野战军用3个纵队切断敌七十四师的归路，随即用2个纵队由北而南，由东南而西南，发起猛攻。蒋介石急调10个整编师增援，遭到顽强阻击。敌七十四师被歼灭，师长张灵甫被击毙。这一战役共歼敌3.2万余人，给国民党军在山东的重点进攻以沉重打击。陵园内有2853座烈士墓，有粟裕将军的骨灰撒散点，还有一座孟良崮战役烈士纪念馆。胡耀邦同志视察沂蒙山区时挥笔题写碑名的"孟良崮战役纪念碑"耸立在大崮山顶，整个碑体由3把刺刀组成，呈"山"字形，寓意为依靠三结合的武装力量，协同作战，在沂蒙山区歼灭了强大的敌人。1987年在陵园内建"孟良崮战役纪念碑廊"。廊内197.2平方米的大理石碑上分别镶嵌着陈毅同志在孟良崮战役前题写的"蒋军进攻必败"的预言和徐向前、粟裕、杨得志等老一辈无产阶级革命家的题词。1989年8月20日，经国务院批准该陵园为全国重点烈士纪念建筑物保护单位。

革命烈士陵园

位于吉林省吉林市西北部的北山上。陵园内有高大的革命烈士纪念塔，塔的基础为五角星形，塔的各面有"死难烈士万岁""革命烈士永垂不朽""浩气长存"和"中华人民优秀的儿女万古千秋"等题词。

勃利革命烈士陵园

位于黑龙江省勃利县勃利镇西山。建于1952年6月10日。占地面积9800平方米，安葬383名烈士。主要纪念建筑有：抗美援朝解放战争烈士纪念塔，东北民主联军朝鲜独立团参谋长金海亭等 16 名烈士纪念塔、解放战争烈士纪念塔，吴松、高奕根、紫万有烈士墓碑等。

珍宝岛烈士陵园

位于黑龙江省宝清县挠力河东岸的万金山头。亦称宝清革命烈士陵园。建于 1970 年。珍宝岛位于乌苏里江主航道中心线中国一侧，历来就是中国的领土，一直在中国的管辖之下，中国边防部队人员一直在这个地区进行巡逻。1969 年 3 月 2 日，苏联边防当局出动大批武装军人，4 辆装甲车、汽车，从下米海洛夫卡和库列比亚克依内两个方向侵入珍宝岛，对正在执行巡逻任务的中国边防人员进行突然袭击，首先开枪开炮打死打伤中国边防战士多名。中国边防人员在忍无可忍的情况下被迫进行自卫还击，予敌以歼灭性的打击，胜利地保卫了祖国的领土。此后，苏联不顾中国政府的多次警告，于 3 月 15 日又出动几十辆坦克、装甲车和大批武装部队入侵珍宝岛，并向中国岸上纵深炮击。中国边防部队被迫再次给入侵者以有力反击，将其击退。陵园面积3.6万平方米，墓区4330平方米，安葬着在中苏边境自卫反击战中及训练、施工中牺牲的68位烈士。其中有中央军委授予战斗英雄称号的王庆林、杨林、孙征民、陈绍光、于庆阳等烈士的墓碑。1984年省政府又为陵园拨款新建一栋300平方米的烈士事迹陈列室和珍宝岛自卫反击战烈士纪念碑。纪念碑底座有高4米的五位战斗英雄雕塑像。黑龙江省省长陈雷为纪念碑题写了碑名。

昭陵

位于陕西省礼泉县城东北22公里处的九嵕山（海拔1188米）上。是唐太宗李世民的陵墓。李世民（597—649），是唐朝第二代皇帝，实际是开国之君。他的父亲是唐高祖李渊，李世民为次子，他母亲是窦皇后。隋末农民起义战争中，身为关陇地区大贵族的李渊、李世民父子，乘机举兵，打败了割据的地主势力，又镇压了农民起义军，统一了全中国，建立了李唐王朝。在举兵、夺取关中，以及建立唐朝的过程中，主要靠李世民的谋略和战功。后来在争皇位的斗争中，李世民在其幕僚的支持下，于武德九年（626）发动了"玄武门政变"，杀死尔虞我诈的兄弟李建成，并杀死谋害他的四弟齐王元吉，迫李渊让位。李世民执政期间，出现了有名的"贞观之治"。鉴于隋朝灭亡的教训，他采取了缓和阶级矛盾和民族矛盾的政策，他指出，民众好比水，君主好比船，水既可载舟，亦可覆舟。他能知人善任，鼓励群臣犯颜直谏。魏徵是直谏的典型，他把魏徵当做一面"人镜"。李世民称得起是中国封建社会的一位杰出的政治家、军事家。昭陵开创了唐代帝王因山为陵的制度，这比古代帝王堆土为陵更为壮观。据有关资料记述：昭陵因山凿石为元宫，从埏道至墓室深 75 丈（约 250 米），前后安置 5 道石门，墓内"闲丽不异人间"，并设东西两厢，列置许多石函，内装殉葬品。为了使"宫人供养如平常"，在山上建造了房舍和游殿等等。因山势陡峭，往来不便，又"缘山傍岩架梁为栈道，悬绝百仞，绕山 230 步，始达元（又作玄）宫门"。从唐贞观十年（636）埋葬长孙皇后开始营建，至贞观二十三年（649）葬李世民止，历时 13 年。陵园地面建筑物已荡然无存，正南面山下朱雀门的门阙和献殿及山北的祭坛、司马门（即玄武门）、墙基尚可辨认。祭坛内列置阿史那杜尔、吐蕃赞普弄赞、高昌王麴智勇、焉耆王龙突骑支等 14 著君长石刻像（现仅存像座），两庑原置 6 匹石刻骏马浮雕即驰名中外的"昭陵六骏"，现已迁陕西省博物馆（其中两匹于 1914 年被盗卖美国，现藏美国费城宾夕法尼亚大学博物馆）。昭陵西南有下宫遗址（俗叫皇城）。昭陵陵园周围 60 公里。李世民在初建昭陵时就诏示"功臣密戚"及"德业佐时者"予以陪葬。陵园内还有 167 座功臣贵戚的陪葬墓。自 1964 年起先后发掘大型墓 10 余座，发现墓碑 40 余通，墓志 16 合。并将所有石碑、墓志 50 多件移放李勣墓处，即昭陵博物馆。

哈尔滨烈士陵园

哈尔滨市烈士陵园建立于 1948 年 10 月，是东北兴建较早的烈士陵园之一。它与黑龙江省体育场相毗邻，占地面积4万平方米。陵园内安葬着38位在抗日战争、解放战争、抗美援朝战争和社会主义建设时期光荣牺牲的革命烈士。园内庄严肃穆，青松翠绿，杨柳成荫。"革命烈士永远活在我们心中"的标语鲜红醒目。陵园正中矗立着东北人民解放军炮兵司令员兼东北炮兵学校校长朱瑞将军的墓碑，两侧是哈尔滨卫戍区司令员卢冬生将军、东北抗日联军第一路军第三方面军指挥陈翰章将军、东北抗日联军第十军军长汪亚臣将军的陵墓。墓内还安放着陈翰章、汪亚臣两位将军的遗首。在朱瑞将军墓后，是凤王江、吴书、薛剑强、何凌登、张天涛、刘富贵、吴盛坤、石坚、史秀云、李青山、赵承瑞、杨少白12位烈士的陵墓。陵园的南侧安葬着朝鲜族21位烈士，北侧安葬着为扑灭烈火抢救国家财产而献身的无产阶级先锋战士刘美泉烈士。烈士灵堂和烈士事迹陈列室设在陵团东区。灵堂内安放着123位烈士遗骨。展室内陈列着22814位烈士的英名录。展出了著名烈士朱瑞、卢冬生、陈翰章、汪亚臣以及抗美援朝战争中的二级战斗英雄王凤江、对越自卫反击战的一等功臣徐庆明和雷锋式的指导员程志国等 19 位英雄事迹，还陈列了 136 件珍贵的遗像、遗物、遗墨和图片。烈士陵园原系一般墓地。据文献记载，自 1948 年 11 月，朱瑞将军的灵柩葬于此地后，始称东北烈士陵园。东北全境解放后，东北行政委员会由哈迁沈，该园由哈尔滨市政府代管。1951 年 10 月，鉴于坟墓日渐增多，由松江省政府、哈尔滨市政府、东北烈士纪念事业管理处集资进行整建，同年 11 月底竣工。1952 年 5 月，经东北人民政府决定，将烈士陵园移交松江省民政厅管理。同年 9 月 19 日，松江省人民政府又将烈士陵园移交哈尔滨市民政局管理，改为哈尔滨烈士陵园。1953 年起，先后为朱瑞、陈翰章、汪亚臣等 15 位烈士建立墓碑，并镌刻碑文。1958 年对陵园内墓进行清理，同年 10 月，卢冬生将军的陵墓从森林植物园（现哈市动物园）迁入陵园。烈士陵园废止了土葬，推行了火葬。1972 年起，建立了骨灰堂，重新铺设了园内道路，扩建了办公室、接待室、收发室；先后种植了各种花草树木。1975 年 8 月开始接收和安放烈士遗骨，并在骨灰盒罩上镶有烈士遗像和生平简介。在革命战争年代和社会主义建设时期，哈尔滨市有无数革命先烈为无产阶级的解放和建设事业，前仆后继，英勇奋斗，献出了宝贵生命。他们的英雄业绩同山河共存，与日月同辉，他们的高尚爱国主义和革命英雄主义精神，永远值得我们缅怀和学习。烈士陵园已成为"褒扬烈士，教育后人"，继承和发扬革命传统，进行爱国主义、国际主义和共产主义教育的基地。1986年10月15日，国务院批准该陵园为全国重点烈士纪念建筑物保护单位。

闽东革命烈士陵园

在福建福安市韩阳镇西北郊卧儿山前。建于1957年，1974年重修。陵园由纪念碑、烈士墓及亭台池馆、花圃等组成，占地2.5万平方米，地势开阔，环境优美。纪念碑基座正方形，边25米，高8米，砌叠3层；底二层雕栏护围，上层为四瓣海棠形，四隅塑有松、竹、梅、兰四大盆景。中竖20米高四方尖棱碑身，四面阴镌"闽东革命烈士纪念碑"镏金大字，尖盖宝鼎形碑顶。基座四壁镌有陶铸、张鼎丞、邓子恢、叶飞、范式人、曾志等人的题词。附近有闽东革命纪念馆。

施洋烈士陵园

位于湖北省武汉市武昌宾阳门外洪山。施洋（1889—1923），湖北竹山人。五四运动前夕，结业于政法学校，从事法律工作，逐渐接受马克思主义。1921年加入中国劳工运动，曾多次参与领导工人罢工。1922年被聘为湖北省工团联合会法律顾问。同年加入中国共产党。1923年2月，京汉铁路工人举行二七大罢工，他代表湖北工联到郑州出席京汉铁路总工会成立大会。返回武汉后不幸被捕，15日英勇就义于洪山脚下，反动军阀下令不准收尸。当晚，汉口人力车工会派工人收殓烈士遗体，停放武昌城外江神庙。同年7月，江岸铁路分工会和武汉人力车工会将柩葬在武昌宾阳门外洪山脚下，立碑为记。1953年武汉市总工会重建时迁至山腰，墓前随山势筑宽阔的磴道。层台中间竖有高约 20 米的"施洋烈士纪念碑"。碑前立烈士半身塑像，像座正面镌刻董必武题词，像座背面刻烈士革命事略，碑、墓占地约 7000 平方米，矮垣环绕，松柏拱卫，宁静肃穆。1989 年 8 月 20 日，国务院批准该陵园为全国重点烈士纪念建筑物保护单位。

济南革命烈士陵园

位于山东济南市英雄山。1948 年 10 月，经山东省济南市政府和各界代表会决议在原四里山筹建，1968 年全部竣工。1969 年 10 月改称"英雄山烈士陵园"。陵园位于济南市南郊，占地面积 32 万平方米。总体布局：南部为烈士墓区；中部东部为烈士骨灰堂及烈士和济南战役英雄事迹陈列室；北部英雄山顶屹立革命烈士纪念塔。烈士墓区有 9 层基地，将在济南战役中牺牲散葬在各处的烈士墓迁移至此，集中安葬。共安葬着 1502 名烈士，其中有名烈士 786 名，无名烈士 716

名。中国共产党的"一大"代表、山东党的创始人王尽美等著名烈士,都安息在这里。烈士骨灰堂是在丧葬改革,推行火化后而增建的,牺牲或病故被批准为烈士的骨灰安放在这里。至1985年安放烈士骨灰盒295个,其中有对越自卫反击战中牺牲的烈士21名。另建有老干部骨灰堂。建筑面积为1200平方米的烈士纪念堂,陈列着《山东省革命烈士英名录》全集,及英雄事迹。革命烈士纪念塔是陵园的主体建筑物,矗立在英雄山顶,高36.64米。塔身南北两面镌刻着毛泽东同志手书"革命烈士纪念塔"7个贴金大字。塔的下部是浮雕花圈和花束,象征人民对革命先烈的崇敬和怀念。整个陵园苍松翠柏,庄严肃穆。

洛阳烈士陵园

在河南洛阳市区附近,占邙山山坡地106亩。园内有大型烈士公墓一座,公墓后面的墓区中埋葬着解放洛阳时牺牲的烈士 200 多名。

晋绥烈士陵园

在山西兴县城内东北隅玉京山麓。建于 1952 年。面积近 5000 平方米，坐东向西，依山势构筑，分上中下 3 院，苍松翠柏点缀，远眺近览，庄重肃穆。下院中央建单檐歇山式纪念大厅，雄伟壮观，雕梁画栋，绚丽多彩。中院一泓池水，清盈碧透，石雕小桥纵跨其上。自甬道拾级而上，可直达塔底。上院中矗立着 14 米多高的纪念塔。正面有毛泽东"晋绥解放区烈士塔"题字。其余 3 面分置贺龙、林枫、李井泉、武新宇的题字。塔顶上的红星在太阳光照耀下显得格外鲜艳耀眼。塔前左右建六角亭各 1 座，玲珑美观。塔后依山势辟窑洞式纪念室多孔，分别陈列王若飞、秦邦宪（博古）、叶挺、邓发、关向应、续范亭等人的遗物、遗稿等珍贵文物。兴县是原晋绥边区首府。为纪念抗日战争和解放战争中浴血奋战、英勇牺牲的晋绥革命烈士而建该园。1985年进行了整修。1989年8月20日，经国务院批准，该园为全国重点烈士纪念建筑物保护单位。

晋冀鲁豫烈士陵园

坐落在河北省邯郸市市区，又称邯郸烈士陵园。是新中国成立后邯郸市人民政府为纪念历次革命战争中在山西、河北、山东、河南四省为国捐躯的革命烈士们而修建的一个陵园。陵园1946年3月动工，1950年10月竣工，面积2万余平方米。分为南北两院，建筑布局严谨，苍松翠柏、花木成荫、庄严肃穆。主要建筑物有烈士纪念塔、烈士公墓、烈士亭、纪念堂、"四八"烈士阁和陈列馆等，其中有蓄水池、莲花池、石桥、花圃、林荫等园苑布置。陵园共安葬着200多名革命烈士，陈列着他们的遗物、墨迹和遗像。这些烈士多数是抗日战争中牺牲的老红军和八路军的优秀指挥员。陵园正门门首嵌着一块横匾，镌刻着朱德同志为陵园的题名"晋冀鲁豫烈士陵园"。大门迎面耸立着一座用大理石砌筑的烈士纪念塔。塔身正面镌刻着毛泽东同志为烈士的题词："英勇牺牲的烈士们千古无上光荣。"西面和北面是朱德和刘少奇的题词。朱德题词是"你们活在我们心中，我们活在你们的事业中"；刘少奇的题词是"永垂不朽"。基座两侧的石碑上，刻有任弼时、董必武、彭德怀和林伯渠的题词。这些题词高度表彰了革命烈士的丰功伟绩和崇高精神。塔顶安装有一颗红星，它表明烈士们的一颗红心，象征着烈士们不朽的功勋，烈士纪念塔北面是宏大的烈士公墓。公墓的东边，是左权将军墓。左权是八路军副总参谋长，1942年5月，在麻田战役中与日寇作战，不幸以身殉国。当时曾在涉县石门村西北山麓为左权建造了陵墓。1950年10月21日，晋冀鲁豫烈士陵园落成，中央人民政府政务院决定，将左权灵柩迁葬到这里。同时决定将葬于石门村的抗日战争中先后牺牲的高捷成、赖勰、何云、陈光华、杨裕民、张衡宇6位烈士安葬在左权基两侧。左权墓雄伟壮观。墓区东西宽54.5米，南北长 52.5 米，墓高 6.6 米。墓前有高大的碑楼。碑楼前额横书谢觉哉"人民共仰"的题词。墓碑正面为周恩来亲书"左权将军之墓"。背面刻着周恩来 1942 年 6 月写的《左权同志精神不死》悼文的节录。东面碑上镌刻着朱德吊左权的诗："名将以身殉国家，愿拼热血卫吾华，太行浩气传千古，留得清漳吐血花。"西面碑上刻着彭德怀同志写的左权将军碑志。墓南面是左权将军纪念馆，里边陈列着左权光辉战斗一生的历史照片和有关资料。陵园最东部，有一座仿古代建筑形式的重檐大殿，周恩来题写的"烈士纪念堂"匾，高悬在屋檐之下。纪念堂内陈列着烈士们的遗像和遗物，真实地再现了烈士们的革命生涯和革命精神。"四八"烈士阁在陵园西北角。1946 年 4 月 8 日，王若飞、博古、叶挺、邓发、黄齐生等由重庆乘飞机返回延安，因飞机失事，不幸在山西兴县黑茶山遇难。"四八"烈士阁就是为纪念这些烈士而修建的。1986 年 10 月 15 日，国务院批准该园为全国重点烈士纪念建筑物保护单位。

威海市烈士陵园

坐落在山东省威海市区环翠楼北侧奈古山东坡，面临东海。1959年4月建立。陵园呈长方形，占地27.6亩。陵园正中央，建有烈士纪念堂。堂内大正中书有毛泽东同志诗词《蝶恋花·答李淑一》，大厅墙壁上悬挂着威海著名革命烈士的遗像和生平事迹介绍。在陵园上边迎路处筑有一座屏墙，上书"永垂不朽"4个大字；直路两侧亦各筑两座屏墙，上面分别书有"发扬革命传统，争取更大光荣""为国牺牲，永垂不朽""生的伟大，死的光荣""为人民而死，虽死犹荣"等词。陵园中，以直达山顶的直道为轴线，两边依地势筑有对称的五道梯形基地。陵墓间植树木1300余株，花草4.3亩，绿化面积25.5亩。陵园中，共安葬革命烈士188名。其中，抗日战争时期的3名，解放战争时期的110名，新中国成立后的75名。每座墓前，都竖一块石碑，多数镌刻着烈士的姓名、籍贯、职务和牺牲的时间。有的记载着烈士的生平事迹。还有43名无名烈士。

桦川革命烈士陵园

位于黑龙江省桦川县悦来镇西。建于1984年10月，占地面积1.8万平方米。主要纪念建筑有：革命烈士纪念碑和柳润生、刘发枝、柏明学烈士墓碑。

泰来革命烈士陵园

位于黑龙江省泰来县镇南2公里处。建于1953年。面积1.9万平方米。主要纪念建筑有：革命烈士纪念碑和108座革命烈士墓。

临汾烈士陵园

位于山西省临汾城南,和著名的平阳古城尧都相邻,为纪念解放临汾战役中英勇牺牲的革命烈士而建。1948年3月7日,解放军晋冀鲁豫野战军第八、第十三纵队和太岳、吕梁军区部队共60000余人,对国民党军和地方顽固反动势力聚集固守的临汾发起进攻。经过激烈战斗,于4月11日攻占东关。此后,进行战场练兵和坑道作业,并同敌人破坏坑道的活动进行了复杂的斗争。5月17日开始攻城,首先对城垣进行了坑道爆破,接着展开猛烈突击,于5月18日攻克临汾。此役全歼守敌25000余人,俘第六集团军副总司令梁培璜。该园建于1958年。1976年起着手修建,扩建后的陵园占地面积66700平方米,建筑面积4000平方米。纪念碑上有朱德、徐向前等同志的题词,两侧刻有临汾攻坚战和官催战的浮雕,栩栩如生。花丛簇拥着中外式样结合的六角亭,"临汾攻坚战展览厅""烈士纪念馆"在后庭院分布。"烈士纪念馆"内悬挂着烈士遗像。"临汾攻坚战展览厅"内陈列着许多实物和资料。园内松柏苍翠，幽雅肃穆。陵园最后是松柏环绕着5座庄严肃穆的烈士陵墓，安葬着260名革命烈士的忠骨。

铁力革命烈士陵园

位于黑龙江省铁力市市区西部呼兰河南岸，面积4590平方米，安葬8名烈士。纪念建筑有："革命烈士永垂不朽"纪念碑和康化禧、何士恩、徐万才等烈士的墓碑。

饶河革命烈士陵园

位于黑龙江省饶河县饶河镇小南山。建于1965年，占地面积2000平方米。主要纪念建筑有：饶河抗日游击队纪念碑。

该纪念碑1986年10月15日，被国务院批准为全国重点烈士纪念建筑物保护单位。

胶东抗日烈士陵园

坐落在山东省栖霞市牙山南麓的英灵山上，又名"英灵山烈士陵园"。1945年胶东区党政军领导机关和群众团体，为纪念抗日战争中壮烈殉国的英雄们而兴建，园区面积540亩，松柏参天，庄严秀丽。抗日烈士纪念塔，屹立在英灵山巅，气势雄伟。它的两侧，是战斗英雄任常伦铜像，持枪肃立，威武雄壮。塔下左右山麓，分别建有烈士纪念记录碑、纪念亭、英雄牌坊、烈士名录塔等8座；名录塔上镌刻着20850名烈士英名。这些建筑物形态各异，掩映在苍松翠柏之中，令人肃然起敬。烈士纪念堂，位于两山环抱的盆谷，堂内陈列着胶东一一·四暴动、天福山起义的领导人张连珠、理琪等20多位著名烈士的遗像、遗物等珍贵史料。1989年8月20日，国务院批准该陵园为全国重点烈士纪念建筑物保护单位。

高台烈士陵园

坐落在河西走廊的甘肃省高台县城东，占地64亩。这里是红四方面军第五军将士流血牺牲的地方。1936年10月，叛徒张国焘假传党中央命令，欺骗红四方面军指战员西渡黄河，向河西走廊冒进，使这次远征受到严重挫折。红四方面军红五军在河西地区与马步芳军队浴血奋战。1937年1月在高台战役中，红五军将士与敌军激战七天七夜，最后弹尽粮绝，敌众我寡，军长董振堂以及3000多名红军战士壮烈牺牲。为了纪念在高台战役中献身的红军指战员，1957年建立了高台烈士陵园。陵园里竖立着董振堂同志纪念碑，正面刻着"董振堂同志纪念碑"8个隶书石刻大字，背面题刻着"永垂千古"4个大字。高台烈士陵园雄伟的大门楼上，朱德同志的手书"烈士陵园"4个字金光闪耀，内塑郭沫若同志亲题的"浩气长存"4

个大字。进入大门，通过由松柏、花圃夹道的百米水泥通道直通庄严肃穆的"烈士纪念堂"。烈士纪念堂左右两侧分别是董振堂烈士纪念亭和杨克明烈士纪念亭。绕过纪念堂，即为烈士公墓。公墓由双层塔柏和百草花卉环绕，象征着烈士永垂不朽。外面由翠绿色的木栏相围，栏杆外，遍植桃、梨、杏、苹果、葡萄等各类果木，表示以丰盛的甘果永飨烈士的英灵。公墓的正前方竖立着一块黑色大石，正面用工整隶书刻着："中国工农红军四方面军第五军阵亡烈士之墓公元一九六五年一月十日立。"叶剑英同志视察河西走廊时，曾来到这里祭扫烈士陵墓，并写下了《西游杂咏·高台》诗一首，表达了对阵亡烈士的深切悼念：

　　　　英雄战死错路上，

　　　　今日独怀董振堂。

　　　　悬眼城楼惊世换，

　　　　高台为你著荣光。

　　1989年8月20日，国务院批准该陵园为全国重点烈士纪念建筑物保护单位。

宾县革命烈士陵园

位于黑龙江省宾县宾州镇西,建于1986年,占地面积1.5万平方米,安葬28名革命烈士。主要纪念建筑有:革命烈士纪念碑。

郭家烈士陵园

位于吉林省德惠市郭家乡北,德(德惠)农(农安)公路的右侧。始建于1912年,占地1000平方米,陵园正门高"烈士陵园"4个大字。陵园主体建筑是革命烈士纪念碑,高4米,碑座高3米,碑的正面镌刻着仿毛泽东同志手书"革命烈士永垂不朽"8个大字。背面镌刻着"为中国人民的解放事业,在解放战争三下江南郭家屯阻击战中,壮烈牺牲的革命烈士永垂不朽"的碑文。这里安葬着100多位烈士遗骨。

海丰烈士陵园

位于广东海丰县。海丰县是中国共产党领导下的、最早建立农民武装的地区之一。1927年5月1日、9月7日和10月30日，广东海丰、陆丰等地农民自卫军，在彭湃领导下，先后3次举行武装起义。第三次起义占领了海丰、陆丰及附近地区，建立了工农民主政权，并领导农民开展土地革命和武装斗争。1928年春，在国民党反动派大举进攻下，工农武装退至附近山区，坚持游击战争。此间，无数海丰英雄儿女为争取自由解放献出了宝贵生命。为缅怀先烈、彰示后人而建此陵园。1989年8月20日，国务院批准该陵园为全国重点烈士纪念建筑物保护单位。

海伦革命烈士陵园

位于黑龙江省海伦市海伦镇北门外，建于1954年4月，占地面积 5500 平方米，安葬 227 名烈士，纪念建筑有：革命烈士纪念碑。

海林革命烈士陵园

位于黑龙江省海林市海林镇东山，建于 1947 年 2 月，占地面积 7 万平方米。园内设有杨子荣烈士纪念馆。纪念建筑主要有：革命烈士纪念碑和杨子荣、马露天烈士墓碑等。

通江烈士陵园

位于四川通江县。1982 年 12 月重建落成。1929 年，王维舟等率领川东北农民举行武装起义，建立川东红军游击队第一支队，由李家俊任总指挥，竖起了川东农民武装斗争的第一面旗帜。1931 年初，红一军与由鄂豫皖地区的红十五军在商城南部会师，合编成中国工农红军第四方面军，由鄂豫皖进入四川。会同地方武装，攻占通江、南江、巴中，以此为中心，开辟了川陕革命根据地。为纪念红四方军入川50周年，缅怀先烈，教育子孙后代，继承革命光荣传统，维修了红四方面军总指挥部、总政治部、列宁公园、王坪烈士墓等革命旧址；重建了通江烈士陵园。徐向前元帅为烈士墓园亲笔题词："学习革命先烈们的不怕艰苦困难，献身革命的精神，为实现祖国的四个现代化而奋斗！"

通河革命烈士陵园

位于黑龙江省通河县通河镇城北。建于1954年6月。占地面积为8000平方米，安葬着26名革命烈士。纪念建筑物有：革命烈士纪念碑和烈士纪念馆。

绥化革命烈士陵园

坐落在黑龙江省绥化市人民公园。建于1955年7月1日，占地面积 1.45 万平方米。园内设革命烈士纪念馆，安放 145 名烈士骨灰。纪念建筑主要有：革命烈士碑。

绥阳革命烈士陵园

位于黑龙江省东宁市绥阳镇北山。建于 1946 年 10 月 10 日，占地面积 2000 平方米，安葬 18 名革命烈士。纪念建筑主要有：革命烈士纪念碑。

绥棱革命烈士陵园

位于黑龙江省绥棱县城东北街，建于 1946 年，占地面积 200 平方米，纪念建筑有：宋林禄、栗本堂、王觐军烈士墓碑。

黄龙县烈士陵园

位于陕西省黄龙县。这里是第三次国内革命战争时期,中国人民解放军在宜川、瓦子街地区歼灭国民党军的地方。1948年春,解放军西北野战军经过新式整军运动后,以主力5个纵队转入外线作战。2月24日,以一部兵力突然包围宜川城,主力隐蔽在宜川西南地区,准备歼灭增援之敌。2月26日,国民党军整编第二十九军(两个整编师)由洛川、宜君一线向宜川驰援。2月28日,当敌进到宜川西南瓦子街地区时,西北野战军从四面突然发起猛攻,激战至3月1日,将其全部消灭,毙敌整编第二十九军军长刘戡。3月3日,攻克宜川城,又歼敌1个旅。此役歼敌1个军部、2个师部、5个旅共30000人,改变了西北战场的形势,为纪念和安葬为中国人民解放事业而捐躯的烈士而建此园。

黄帝陵

亦称"轩辕黄帝陵"。位于陕西省黄陵县北的桥山上。它是传说中轩辕氏之墓,为全国第一号古墓保护单位。黄帝姓公孙,名曰轩辕。天才幼慧。墨子曰:"年逾十五,则聪明心虑,无不徇通矣",能"抚万民,度四方"。诸侯咸尊轩辕为天子,代神农氏,是为黄帝。天下有不顺者,黄帝从而征之;平者,去之。其在位百年而崩,时年111岁。司马迁太史公称:"雍州积高,神明之奥",即中华文治之发祥启于黄帝。《史记》载:"黄帝崩,葬桥山。"陕西省黄陵县桥山黄帝陵相传创自汉代。唐太宗大历中期在城北桥山西麓,宋太祖开宝五年,下令移建于今址。元至正,明天启、崇祯,清顺治、雍正、乾隆、道光及后期叠有修葺、均有碑记载或录于县志中。桥山因山形象桥,故以得名。山上古柏参天。山环水抱,景色宜人,有桥山夜月、清水秋风、南谷黄花、北岩净雪、龙湾晓雾、凤岭春烟、汉武仙台、轩辕古庙等8景。参谒黄陵，先到下马石，过祭亭，便可瞻仰黄帝陵墓。祭亭上有郭沫若手书"黄帝陵"3个大字，祭亭四角微翘，柱红檐翠，事后的黄陵高大雄伟，为花墙所围。祭亭对面，便是黄帝升天所在，石碑上刻有4个隶书大字"桥山双驭"。黄帝庙内有14棵古柏，其中一棵称"轩辕柏"，据说是黄帝亲手所植，高17米，外国游人称此柏为"世界柏树之父"，树龄5000余年，仍健壮挺秀，枝繁叶茂。黄帝庙中残存北宋以来的碑石50多块，刻有汉族及满族、蒙古族等少数民族的祭文。黄帝大殿正中有一块匾，上书"人文初祖"4个大字。1990年4月，中共中央政治局常委李瑞环在视察陕西期间，对整修黄帝陵做了重要指示，中共陕西省委、省政府组织陕西省建筑设计院等有关单位对黄帝陵进行了实地考察，现场勘探，判定出重修规划，经反复修改，报国家计委批准，1992年春动工整修，整修工程含庙前区、陵道、陵园、庙院四部分。总投资约1亿元。每逢清明时节，祭祖扫墓者纷至沓来。现在这里成立了黄帝文物管理所。

黄麻起义和鄂豫皖苏区革命烈士陵园

位于湖北省红安县。为缅怀在黄麻起义和创建和保卫鄂豫皖苏区的革命斗争中而牺牲的革命烈士而建于1956年。1927年11月13日，中共鄂东特委潘忠汝、吴光浩、戴克敏、曹学楷等在湖北黄安、麻城两县领导了农民武装起义。14日起义军攻占了红安县城，成立了黄安工农民主政府和鄂东工农革命军，潘忠汝任总指挥，吴光浩任副总指挥，戴克敏任党代表，曹学楷为工农民主政府主席。12月5日，起义部队在国民党军队围攻下失败。12月下旬，一部分工农革命军转移到黄坡县木兰山区开展游击战争。1928年，在鄂豫边界柴山堡地区，开辟了鄂东北革命根据地。1929年5月，中国共产党领导商城农民起义，开辟了豫东南革命根据地。11月又发动了六安、霍山的农民起义，开辟了皖西革命根据地。

1930年4月，三块革命根据地连成一片，成为鄂豫皖革命根据地，并成立了中共鄂豫皖特别区委和工农民主政府，将红军集中编为红一军。1931年5月，成立中共中央鄂豫皖中央分局，张国焘任书记。11月成立中国工农红军第四方面军，徐向前任总指挥，陈昌浩任政委。1932年10月，由于第三次"左"倾冒险主义和张国焘的错误领导，未能粉碎敌人第四次"围剿"。10月，红四方面军主力撤出根据地，向川陕边界转移。留下部分军队和当地人民武装一起继续坚持游击战争。其间，有无数中华儿女为革命事业献出了宝贵生命。

陵园正面是"黄麻起义和鄂豫皖苏区革命烈士纪念碑"，纪念碑两侧各有一座雕像，左边是手握钢枪的红军战士，右边是高举铜锣的赤卫队员，象征着"黄麻起义"时红安人民踊跃参军参战，"铜锣一响，四十八万"的动人情景。位于陵园中心的烈士祠，陈列着记载着全县1万多名革命烈士英雄事迹的英名录。烈士祠右后侧是一座仿古建筑的董必武纪念馆，雄伟壮观。陵园收藏有珍贵革命文物321件，历史照片、烈士遗像299张，烈士遗物23件。新中国成立以来，陵园职工运用这些历史文物，采取内部陈列、走出去巡回展览等形式，开展了丰富多彩的革命传统教育活动，受教育者达150多万人次。1989年8月20日，经国务院批准该陵园为全国重点烈士纪念建筑物保护单位。

萝北革命烈士陵园

位于黑龙江省萝北县凤翔镇西。建于1970年。占地面积4000平方米。主要纪念建筑有：革命烈士纪念碑和邵万才、胡慧良、项秀田烈士墓碑等。

乾陵

位于陕西省乾县县城北6公里的梁山上，距西安约80公里，是唐代第三个皇帝高宗李治和武则天皇帝的合葬陵。武则天（624—705），名曌，原籍今山西文水县人，生于四川广元市（唐初利州）。其父武士彟为利州都督。武则天原为太宗李世民的才人，太宗死后，她削发为尼，出家感业寺。公元654年，高宗李治从感业寺取武则天入宫，大加宠爱，拜为昭仪，次年高宗废皇后王氏，立武则天为皇后。公元655年，武则天参与朝政，黜逐褚遂良，公元659年逼迫长孙无忌自杀。此后，高宗委托武则天处理朝政。高宗晚年多病，"风眩头重，目不能视"，政事多出武则天。高宗曾想禅位太子李弘（武则天的长子），武则天便用毒酒把李弘害死。后来高宗自叹无权，无力挽回。高宗死后，武则天先后废了中宗、睿宗，登上了皇帝的宝座，改国号为"周"，成为中国历史上第一个女皇帝，杰出的政治家。武则天通文史，多权谋，手段残忍。她当皇帝后，首先使用"酷吏"，杀死大批唐宗室贵戚及大臣，到群臣过度紧张时，她又嫁祸"酷吏"，求得形势缓和。但她能选拔人才并委以重任，能纳谏。她在位21年。公元705年，武则天死于洛阳，时年82岁。公元706年与唐高宗合葬乾陵。陵园修建于683年，"依山为陵"，海拔1047.9米。陵前原建献殿，献殿前排列着石狮、石马、石人等青石雕刻。陵周围有两重垣墙。四面均有阙门和巨型石刻，南门（朱雀门）地面石刻保存基本完整，排列在陵前"神道"两侧，由南而北依次排列有：华表1对，呈八棱形，高8米，翼马、朱雀各1对。石马5对。两边还有牵马石人各3尊，戴冠着袍持剑的直阁将军石人10对，两座高达6.3米的"述圣记碑"和"无字碑"，分别立于西、东两侧。"述圣记碑"，共七节，又称"七节"碑，碑文为武则天撰，唐中宗李显所书，内容是宣扬唐高宗生前的文治武功，8000余字；东侧的"无字碑"初立时未刻一字，表示武则天"功高业大"，难以用文字表达。宋金以后，有游人在碑石上题字。据说当时参加高宗葬礼的少数民族首领和外国使臣61尊，背上刻有国名，官职和姓名，因年久风化，大部已剥蚀不清。在陵的东、南有其主要家族、僚臣的陪葬墓共17座。周围有80里，占地面积30余万亩。1960年，郭沫若来到乾陵，十分感慨，咏诗数首。其中有：

　　岿然没字碑犹在，

六十王宾立露天。

冠冕李唐文物盛，

权衡女帝智全能。

黄巢沟在陵无恙，

述德记残世不传。

待到幽宫重启日，

还期翻案续新篇。

大坛云是旧梁山。

山石崔嵬颇耐攀。

南对女峰思女帝，

下临后土望长安。

千秋公案翻云雨，

百顷陵园变土田。

没字碑头镌字满，

谁人能识古坤元？

陵头无复黑松林，

解放以来护惜深。

埋没石人重见日，

聚完碑记尚飞金。

狻像雄浑惊天地，

象魏残存亘古今。

地下宝物无恙否？

盛唐文物好探寻。

鄂豫皖苏区革命烈士陵园

位于河南省新县。建于 1957 年，靠城依山，占山坡地 1000 亩。春暖花开时，整个陵园掩在一片青枝绿叶和山茶花里，显得分外壮丽。20 多米高的烈士纪念塔矗立在群山环抱中，塔的正面镶嵌有朱德同志的题词"革命烈士永垂不朽"。还有纪念馆、骨灰堂各一座，烈士基数十座。新县是中共中央原鄂豫皖分局的所在地，在那艰苦、漫长的革命武装斗争年代，有 5 万多名新县儿女英勇牺牲，仅名列英名录的烈士就有

1万多名。1980年李先念同志为新县烈士纪念馆题词："鄂豫皖苏区革命烈士永垂不朽！"；徐向前同志题词："英雄的鄂豫皖苏区人民为中国革命的胜利做出了不朽的贡献！"1989年8月20日，国务院批准该陵园为全国重点烈士纪念建筑物保护单位。

盘山烈士陵园

位于河北省蓟州区盘山东麓。1959年为纪念在民族解放战争中光荣牺牲的烈士而建。烈士纪念碑高27.5米，正面镌刻聂荣臻题"光荣烈士永垂不朽"8个字，雾水烟峦，松柏翳空，中为烈士陵墓，气象庄严。园内建有民族传统形式的烈士馆，陈列冀东抗日根据地斗争史和烈士的事迹、文物、照片等。陵园附近还有抗日战士当年在岩石上刻写的标语口号和战场、会场、电台、报社等遗址。

望奎革命烈士陵园

坐落在黑龙江省望奎县城公园，建于 1947 年 7 月 30 日，占地 360 平方米。纪念建筑主要有：冯耕天、胡再白、王炳恒烈士墓碑。

麻城市烈士陵园

位于湖北麻城市西约 1 公里的牛坡山上。总面积为 84600 平方米。为纪念麻城起义，缅怀鄂豫皖苏区牺牲的革命先烈而建。1927 年 11 月 3 日，中共鄂东特委召开湖北黄安（今红安）、麻城两县活动分子会议，成立了以潘忠汝为首的总指挥部。1927 年 11 月 4 日，起义军攻占黄安县城，活捉伪县长，摧毁伪政权。18 日成立黄安工农民主政府，曹学楷任主席。紧接着成立鄂东工农革命军，潘忠汝、吴光浩分任正副总指挥。

25日，由于优势敌人的围攻，一部分工农革命军突围，转移到黄陂县木兰山开展游击战争，1928年4月返回黄麻老区，继续进行斗争。1929年5月，创建了鄂豫边革命根据地。1930年4月，与豫东南、皖西两革命根据地，统一为鄂豫皖革命根据地。在此起义及以后的革命斗争中，有无数中华儿女献出了自己的生命。陵园的大门是仿古牌坊式建筑，大门两侧墙壁上醒目的4簇火炬浮雕，象征黄麻起义的革命烈火永放光芒。门前有宽约12米的52级石阶，石阶两侧并排着青松翠柏，象征着革命先烈的光辉业绩万古长存。园内建有纪念碑，碑身和碑座皆由长方条石砌成，碑座南北宽5.4米，东西宽4.4米，高3.5米；碑身南北宽2.5米，东西宽1.5米，高24.5米。碑四壁镶嵌的大理石上阴刻镏金字，均为党和国家领导人叶剑英、李先念、徐向前等同志的题词。纪念碑西北约98米处，是座富有民族特色的宫殿式纪念堂，回廊立有36根红色圆柱，朝东正门上书"烈士纪念堂"5个金色大字。纪念堂内靠西边墙壁矗立着烈士纪念碑。纪念堂正中，按土地革命战争、抗日战争，以及解放战争等几个革命历史时期，陈列着军事简图、烈士遗像、烈士英名录、革命文物。纪念堂西北有革命历史博物馆。

密山革命烈士陵园

位于黑龙江省密山市区北，建于1955年，占地面积12万平方米，安葬着607名烈士。纪念建筑主要有：烈士纪念塔。

宿迁市烈士陵园

江苏省宿迁市是中国共产党开展革命斗争较早的地区之一。解放战争初期，著名的宿北大战就在这里展开的。在历次革命战争中，全县先后有2000余名优秀儿女壮烈牺牲，为褒扬革命先烈的不朽业绩，继承和发扬他们的革命精神，县人民政府于1954年春天，在县城内一片荒地上建立了一座烈士陵园，建园时占地25亩。1958年底，县政府决定扩建烈士陵园，面积扩到215亩。经过多年建设，目前，陵园内有陈毅同志亲笔题词的"宿北大战马陵山革命烈士纪念塔"1座；有建筑面积为2250米的"宿北大战纪念馆"1座；还有"抗日纪念碑"、护碑亭多处，此外还有一个烈士墓区，设在距城15公里的小蔡集。最近又新建了朱瑞将军碑亭、马伦烈士碑亭和宿北大战牺牲的团参谋长的碑等。

梁山抗战烈士陵园

位于山东梁山西部大堤里边的果树丛中，为纪念梁山战斗中壮烈牺牲的革命烈士而建。1939年8月2日，侵占山东东平的日军第三十二师团长田大队及炮兵一部600余人，由靳口西渡运河向郓城方向进犯。当日，八路军第一一五师一部在梁山西南独山庄附近进行伏击，歼敌一部，黄昏后，又将敌包围于独山庄，激战至3日10时，将敌全部歼灭，名振中华。

董存瑞烈士陵园（河北隆化）

　　位于河北省隆化县城北门桥外。这是为纪念解放战争中舍身炸碉堡的英雄董存瑞烈士而修建的。这里原为清代避暑行宫遗址。董存瑞（1929—1948），河北怀来人。1945年参加八路军。1946年加入中国共产党。1948年5月26日在解放隆化战斗中，为扫除部队前进的最后障碍，主动承担爆破敌人桥型碉堡的任务。当他冲到桥下时，发现没有安放炸药包的地方，这时部队总攻时刻已到，他毅然托起炸药包顶在桥身，猛拉导火索，炸毁碉堡，完成任务，壮烈牺牲。部队党委授予他"模范共产党员"称号，并追认为全国战斗英雄。陵园1955年建。陵园中轴线上的建筑自南而北依次为正门，由4根石柱两两对称组成，中间两根上方置一横额，上书"董存瑞烈士陵园"。牌楼为混凝土结构的仿古建筑形式，正中书写"死难烈士万岁"；烈士塑像，建在花岗石基座上，为董存瑞手托炸药包，拉响导火索的全身塑像，雕塑精美，呈现着英雄的一片浩气。烈士纪念碑，碑座为混凝土，碑身正面汉白玉石上镌刻着朱德1957年5月25日为董存瑞烈士的亲笔题词"舍身为国，永垂不朽"。烈士墓为水泥穹窿顶建筑，内置小型檀木棺，安放着烈士遗骨。前面竖有镌刻"董存瑞烈士之墓"的墓碑。墓基为正方形，四周有精致美观的栏杆。陵园前部两侧为碑亭，亭内各竖一通汉白玉石碑，镌刻"董存瑞永垂不朽"及其英雄事迹。在纪念馆内陈列着烈士的遗物，以及烈士事迹图片等。在陵园西南200米处，是烈士炸毁碉堡遗迹，即烈士献身之地，竖立着"董存瑞烈士牺牲址"的金字石碑。

塔河革命烈士陵园

位于黑龙江省大兴安岭地区塔河县塔河镇北山，建于1975年，占地面积4000平方米，安葬着124名革命烈士。纪念建筑主要有："革命烈士永垂不朽"纪念碑、张国胜烈士墓碑等。

棱庄烈士陵园

位于山东省沂南县双后乡棱庄西北处。1944年建立。为安葬和纪念1941年11月大青山战斗中为国捐躯的300多位指战员而建。这里南依大青山，北靠猫头山，东邻蒙河，依山傍水，气势雄伟，景色壮丽。1941年，日寇为灭我中华，对我敌后抗日根据地进行了频繁、残酷的大扫荡。我军指战员在大青山遭到敌寇5万重兵的合击。在多于我几倍、几十倍的强敌面前，我军指战员辗转奋战，不惜牺牲，给敌人以沉重打击，英雄业绩悲壮感人。陵园内建有抗日烈士纪念碑、德国友人汉斯·希伯墓碑。

雅安烈士陵园

位于四川省雅安。1955年建园。园内有烈士纪念堂、纪念碑，还有供群众休息的亭、榭、茶廊等。花木繁多，樟楠参天。纪念碑建立在山坡的最高处。从远处眺望，一座雄伟壮丽的纪念碑巍然屹立眼前，碑体正中镌刻着7个刚劲有力的大字："人民革命纪念碑。"碑座四周有碑文："中国人民革命的胜利，给西康各族人民创造了建设幸福生活的条件，……必须深刻地记着那些在革命斗争当中英勇牺牲了的烈士们。"纪念堂内用青石镌刻了611名烈士的英名，记事碑记载了中国人民解放军在解放西康的战斗历程中的丰功伟绩和烈士们的壮丽诗篇。

辉南县烈士陵园

位于吉林省辉南县朝阳镇北山。辉南县在抗日战争时期，曾经是东北抗日联军活动的地方。在长期的革命战争中，辉南县人民为中华民族的解放，前赴后继，流血牺牲，500多名优秀的中华儿女献出了宝贵的生命，为建立中华人民共和国立下了不朽功勋。他们中有抗日著名烈士金伯阳（满洲省委常委）、曹亚范（一方面军指挥）、曾在河北蛟河县（现泊头市）任县长时牺牲的于时雨；有解放战争中牺牲的辉南县第一任县委书记张一清，有战斗英雄、爆破英雄；还有社会主义建设时期牺牲的中越边界反击战一等功臣程志远、有与坏人搏斗英勇牺牲的模范民兵排长林洪玉、舍身救落水儿童而牺牲的优秀共青团员股学富。新中国成立后为了缅怀革命先烈的丰功伟绩，发扬革命传统，县委于1973年在朝阳镇北山修建了烈士陵园，占地面积138800平方米，园内建筑面积为16300平方米。园内建筑物有烈士纪念塔、烈士纪念馆、烈士墓，用502平方米的红砖围墙环绕着。

黑河革命烈士陵园

位于黑龙江省黑河市市区内，建于1949年，占地2.4万平方米，安葬着58名革命烈士。纪念建筑主要有：抗日暨爱国自卫战争烈士纪念塔。

景德镇革命烈士陵园

在江西景德镇南郊沙陀山麓。古时山上枫林密布，每当深秋，满山红遍，层林尽染，风景如画，"陀山秋色"为珠山八景之一。1955年，辟山顶3个山丘为革命烈士陵园，陵墓区设在东北面的最后一个山丘上。正面建有水泥砌的六方纪念塔，行书"为国牺牲，永垂不朽"8个大字；两侧为解放战争中在本市因病亡故的革命军人题名，共21人。纪念塔前方两侧分别为两座大型墓葬，碑记通栏标题为"永垂不朽"，下行为各个时期光荣牺牲的烈士题名，左右各12人。晋谒陵墓，有石阶可登，分三段，共78级。陵园四周，遍植苍松翠柏，庄严肃穆。

竹沟革命烈士陵园

河南省确山县竹沟烈士陵园建于1958年。抗日战争时期，竹沟镇曾是中共中央中原局和河南省委所在地，刘少奇、李先念、彭雪枫等领导同志都先后在这里工作过，新四军第二、第四、第五师均发源于此。1939年中原局撤离不久，国民党反动派调兵1800多人突然袭击竹沟新四军第八团留守处，残杀我伤病员、抗战军人家属和当地群众200多人，制造了震惊中外的"竹沟惨案"。竹沟陵园于1965年动工修建碑，后林彪和"四人帮"大肆破坏陵园建设，致使建碑材料散失过半。现在建碑工程重新开始，李先念同志亲笔题写了碑名："竹沟革命烈士纪念碑。"陵园内有革命烈士公墓和纪念馆。1986年10月15日，国务院批准该陵园为全国重点烈士纪念建筑物保护单位。

皖南事变烈士陵园

在安徽省泾川县城郊到云岭路边的一座小山上。面临澄碧的青弋江，背靠葱郁的水西山，依山傍水，环境优美。1941年

1月6日，新四军军部及在皖南新四军部队共9000余人，为维护抗日统一战线，顾全大局，根据中共中央将皖南新四军转移到长江以北的决定，到达泾县茂林地区，遭到预先埋伏的国民党第三战区司令长官顾祝同所部上官云相部8万余军队的包围和袭击。新四军英勇作战七昼夜，终因寡不敌众，弹尽粮绝而失利。除2000余人在黄火星、傅秋涛率领下突围以外，大部分壮烈牺牲。军长叶挺被俘，政治部主任袁国平战死，副军长项英和副参谋长周子昆被叛徒杀害。这就是震惊中外的国民党顽固派制造的企图消灭中共抗日武装力量、破坏抗日统一战线的皖南事变。为纪念皖南事变新四军将士殉难50周年，缅怀先烈，激励后人，教育青年更好地发扬光荣革命传统，开展爱国主义、社会主义和艰苦奋斗教育，1990年春，中共安徽省委、省人民政府决定并报请中央批准，兴建皖南事变烈士陵园。1991年1月6日落成。烈士陵园以邓小平同志亲手题词"皖南事变死难烈士永垂不朽"纪念碑为中心，结合地形山势，把山上原有的纪念碑、新建的碑廊，以及林木青翠的山岗融为一个有机的整体。陵园大门竖有4根雕琢精美的花岗岩石柱，石柱顶上玻璃瓦贴面，7米高，四方形，是新四军"四"的数字和突围时激战七昼夜"七"的数字象征。进门是甬道，两边的高岗形成了相对的两个"土阙"，成为进入陵园甬道的天然墙壁。它给人们增添了庄严肃穆气氛。沿台阶约行30米，是一个不规则的小型广场，正对面的挡土墙上镶刻着叶飞题写的"皖南事变烈士陵园"字碑。自广场右转，是一条50米长的路，拾级而上，便进入主碑纪念广场。纪念广场为一个50米内径，四面有开口的纪念廊和主碑围合的圆形空间，由纪念碑、纪念廊和无名烈士墓组成。从山顶俯视，纪念广场和外围花圃组成一个献给烈士的巨型花圈。纪念碑位于纪念广场和神道的中轴线终点，高12.36米，宽27米，黑色磨光花岗岩碑面镶刻着邓小平同志的"皖南事变死难烈士永垂不朽"贴金面题词。纪念广场四周有7个纪念廊，它象征皖南事变中新四军将士浴血奋战了7天7夜，也象征新四军后来发展壮大到7个师。其中一个纪念廊为"神门"，另外6个纪念廊内各有一块白色大理石碑，分别镌刻周恩来同志1941年春在重庆手书挽联："千古奇冤，江南一叶，同室操戈，相煎何急！""碑记"

"新四军成立前后"和"新四军军歌"。纪念廊的里圈，排列着9根具有皖南传统建筑风格的圆形石柱，其中两根是完整的，余下的都是高低不同的半截残柱，寓意新四军9000健儿东进抗日，遭国民党反动派围歼，2000余人突围，大部分遇难。石柱的里圈，是就坡斜置的花坛，6块长形花坛又连成环形，上面种植着苍翠的常青灌木和鲜花。花坛之下，是圆形广场。无名烈士墓与烈士纪念碑组合在一起，墓室四壁为钢筋混凝土浇筑，瞻仰、凭吊者可从两旁大门进入那高大宽广的室内，顶穹上留有一个直径3米的圆孔，阳光从上洒下，更添肃穆气氛。地上中间是一个圆形磨光花岗岩墓地，池中是洁白的大理石石棺。石棺四周，铺设天然碎鹅卵石。墓池后方是祭坛，祭坛墙上刻着"皖南事变无名烈士墓"字碑。祭台上燃烧着常年不熄的长明灯，象征着先烈们的革命精神永不熄灭。在无名烈士墓的背后，是一弧形走廊，那白色大理石贴面的高墙，直耸天空，给人增添一种圣洁、崇高、宁静之感。走廊的外墙上，还留有一块块整齐的框架，留待镶嵌著名书画家的书画碑刻，逐步形成书画碑廊。纪念廊之外的陵园边，还有一大片花圃，种植各种花草。中间留有空地，周边曲径相通。陵园设计以革命浪漫主义为主调，采用象征、隐喻的手法，以铭记皖南事变，体现了静穆、庄严、凝重的风格。烈士陵园及纪念碑，由安徽省城乡规划设计院院长张文起主持设计，花环由安徽省建筑设计院工程师徐兰坪设计。整个陵园由安徽省省建三公司负责现场施工。花环及碑文由安徽地质大队装饰材料厂负责镌刻制作。碑文由安徽省内几位著名书法家书写。陵园用地1.3公顷。

焦裕禄陵园

位于河南省兰考县城北黄河故堤沙丘上。焦裕禄（1922—1964），山东淄博人。1946年1月加入中国共产党。曾任副区长、区长、中共区委副书记、县委书记等职。1962年12月被调到河南省兰考县担任县委书记，时值该县遭受严重内涝、风沙、盐碱三害，粮食产量降到历史最低水平，他以毛泽东思想为武器，发扬大无畏的革命精神，坚持实事求是、群众路线的领导方法，同全县干部和群众一起，对深重的自然灾害进行顽强斗争，努力改变兰考面貌。身患肝癌，仍忍受剧痛，坚持工作。被群众誉为"党的好干部"。1964年5月14日在郑州逝世。逝世后葬于郑州烈士陵园，后遵其遗嘱迁葬于兰考。陵园于1966年2月奠基，原占地10公顷，1982年缩小为5公顷。主要纪念建筑有：墓、墓碑、题词碑、纪念馆等。墓筑于宽大的水泥平台上，汉白玉墓体围以透花栏杆，四周满栽泡桐、塔松和翠柏。汉白玉墓碑高2.72米，上镌"焦裕禄同志之墓"，背面记载着其生平简历。墓北影壁墙上镌有"为人民而死，虽死犹荣"9个大字。1988年重修的题词碑位于墓两侧，左边是董必武的长诗《学焦裕禄同志》，右边是郭沫若的水调歌头《赞焦裕禄》。1984年5月14日动工兴建的"焦裕禄烈士纪念馆"，嗣后馆内珍藏着一些珍贵的实物、图片；他亲笔起草的文件、批示；曾经用过的棉衣、补丁袜子；坐过的破藤椅、办公桌；学习用的马列著作，以及1966年云集到兰考来凭吊焦裕禄时，许多南北大画家的画作。墓区与纪念馆间有柏油或水泥路相连。整个陵园庄严肃穆。

湘鄂西苏区革命烈士陵园

在湖北省洪湖市。为纪念第二次国内革命战争时期，在创建湘鄂西苏区革命斗争中牺牲的烈士，于 1950 年修建。1978 年进行扩建。园内主要纪念建筑物有：纪念馆、纪念碑等。李先念、贺龙同志为纪念馆、纪念碑题词。1986 年 10 月 15 日，国务院批准该园为全国重点烈士纪念建筑物保护单位。湘鄂西苏区是第二次国内革命战争时期中国共产党在湖南、湖北两省西部边界地区创建的革命根据地。由洪湖、湘鄂边、襄枣宜、鄂西北、巴兴归等革命根据地组成。1928 年 1 月，周逸群、贺龙、柳直荀等奉中共中央指示前往湘鄂西发动革命，在武汉组成了中共湘西北特委，郭亮、周逸群先后任书记。在监利县境内，周逸群、贺龙等与当地贺锦斋领导的游击队会合，并同中共鄂中特委和石首县委取得联系，编成共产党沔阳工农革命军，先后领导了年关暴动、桑植起义。1928年7月初，根据中共湖南省委指示组成了以贺龙为书记的湘西前敌委员会，部队改编为红四军，逐步开辟了湘鄂边根据地。1928年5月后，以周逸群为书记、万涛为副书记的中共鄂西特委在监利、华容、石首、江陵、沔阳等地先后领导武装斗争，发展中共组织，并建立了两支较大的游击队。1929年这两支游击队编为鄂西游击总队，创建了以洪湖为中心的革命根据地。1929年底，根据中共中央指示，游击总队改编为以段德昌为师长的鄂西独立一师。1930年2月又在监利改编为中国工农红军第六军。7月，红四军与红六军在湖北大安会师，组成中国工农红军第二军团，红四军改为红二军。湘鄂边和洪湖两个根据地连成一片。此外，1927年冬至1929年，巴（东）、兴（山）、（秭）归地区和襄（阳）、枣（阳）、宜（城）地区的中共地方组织，领导群众起义，建立了两块根据地，成立了红四十九师、红二十六师。到1932年夏，湘鄂西根据地发展到包括20多个县的地区，红军和地方武装约3万余人。1932年秋，由于王明"左"倾冒险主义的错误领导，红军未能粉碎敌人的第四次"围剿"，遂退出洪湖根据地,在湘鄂川边流动游击。1934年6月转至黔东地区,创建了黔东革命根据地。湘鄂西革命苏区为中国革命事业作出了很大贡献。此间的历次斗争中有无数中华儿女为了中国的革命和解放事业血洒湘鄂西大地,长眠于此。

湘鄂赣边区鄂东南革命烈士陵园

位于湖北省阳新县县城,占地427亩。陵园正门是李先念同志题名的"湘鄂赣边区鄂东南革命烈士陵园"的园名坊,在两侧寓意"继往开来"雕塑群的陪衬下,显得格外气派,自南而北,拾级而上,花丛中走完264级台阶,高大的烈士纪念碑、雄伟的革命烈士纪念馆、富有民族特色的烈士祠尽收眼底,彭德怀元帅1957年挥毫写下的"先烈之血浇成了革命之花"11个大字在烈士纪念碑上闪闪发光。纪念碑高24.5米,碑座面积25000平方米,纪念馆高7米,13开间,占地面积842.4平方米,烈士祠为富有民族特色的方形两层现代建筑占地667平方米。纪念馆、烈士祠陈列了湘鄂赣三省33个县市468名烈士的生平事迹和各种文物200余件，其中知名烈士有鄂东南特委书记吴致民，在1927年震惊全国的阳新二二七惨案中就义于烈火之中的成子英等9名烈士。1989年8月20日，国务院批准该陵园为全国重点烈士纪念建筑物保护单位。湘鄂赣是第二次国内革命战争时期中国共产党领导的革命根据地之一。位于湖南、湖北、江西三省边界地区，在中央革命根据地的西北部。1928年7月，老一辈无产阶级革命家彭德怀、滕代远、黄公略等领导平江起义，初建红五军，奠定了湘鄂赣革命根据地之基础。同年12月，红五军主力奉命抵井冈山与红四军会合，留下一部坚持当地游击战争。1929年10月，红五军主力重返湘鄂赣，与原留下的一部会合，开辟了湘鄂赣革命根据地。1930年5月，当地武装发展为红十六军。同年9月，根据地发展到三省交界地区10余县，成立了湘鄂赣工农民主政府，开展了土地革命和游击战争。1934年10月红军主力长征后，留下一部坚持当地斗争。湘鄂赣革命根据地在第二次国内革命战争中，为中国的革命和解放事业做出了很大贡献。在此间的历次斗争中无数中华儿女血洒湘鄂赣革命根据地，长眠在这里。

鄞州区革命烈士陵园

位于浙江省鄞州区。在抗日烽火连天的岁月里，由于中共浙东区党委的坚强领导，具有光荣革命传统的浙东人民，在日寇烧杀淫掠和国民党顽固派的压榨欺凌面前，毫不屈服，英勇顽强，同仇敌忾，誓死顽抗，进行了波澜壮阔的敌后游击战争，使浙东地区成为全国19个抗日民主革命根据地之一。浙东抗日根据地的巩固和扩大，引起敌伪顽的极端仇恨和恐慌，于是，他们相互勾结，狼狈为奸，加剧对浙东抗日根据地的围剿。1943年11月，浙东第二次反顽自卫战争爆发。浙东地区的国民党游击部队，加上挺进第三纵队、第四纵队、第五纵队、浙东保安团及突击营，大举向四明山区进犯。尤其当新四军浙东游击纵队主力，由于战略上需要，暂时撤到三北后，顽军更加肆无忌惮地在四明山区进行抢劫杀戮。在这血与火的严峻考验下，涌现了许多可歌可泣的事迹。第二次反顽自卫战争胜利后，1944年12月11日，"四明特办""鄞奉县办"和新四军浙东游击纵队，为了悼念李敏、陈晓云、徐婴等死难烈士，抗日军民1万余人在樟村隆重召开了追悼大会。会后，人们手持挽联进行声势浩大的游行，将烈士灵柩安葬在现烈士陵园的前面，墓前竖起一块刻有"抗日反顽斗争死难烈士纪念塔奠基石"的大石碑。1945年10月，新四军浙东游击纵队奉命北撤。国民党反动派窜犯鄞西，丧心病狂地将烈士纪念塔奠基石碑捣毁。新中国诞生后，党和政府在原地兴建了烈士陵园。陵园内有烈士墓，有高耸10余米的革命烈士纪念塔，还建有两座五角纪念亭。原中共浙东区党委书记谭启龙和原新四军浙东游击纵队司令员何克希分别为陵园题了字。1977年9月，在陵园广场西侧建成一座三层楼的纪念建筑。

塘沽烈士陵园

位于天津市塘沽市区的西北角。塘沽历来为军事战略要地，过去一直是敌我双方激烈争夺的地方，这里的儿女在党的领导下，同帝国主义和国民党反动派进行了长期的艰苦斗争；在这块烈士鲜血浇灌的土地上，涌现出了许多可歌可泣的英雄人物。为了缅怀革命先烈的丰功伟绩，继承和发扬革命传统，激励爱国热忱，1955年塘沽人民政府在这里修建了这座烈士陵园。因为这里是解放塘沽战役中，中国人民解放军首先突入的地方，也是战斗最激烈的地点之一。1979年，陵园又进行了改造和扩建。烈士陵园坐东朝西，主要由烈士纪念碑、烈士墓地、烈士纪念堂和绿化区四部分组成。烈士纪念碑高16米，碑身和基座都是用豆青、豆白、雪花三种大理石砌成，用汉白玉雕刻的大花圈敬献在碑前。碑身上镌刻的"革命烈士纪念碑"7个镏金的大字。碑顶矗立着一尊人民解放军战士的塑像，手握刺刀，弓步向前。目光炯炯，威武雄壮，充分显示了革命先烈永不屈服、一往无前的高尚情操。纪念碑前是宽阔的广场，是人们吊唁烈士集会的地方。广场两侧是烈士的集体墓地，安葬着烈士们的遗骨。10座白色大理石墓碑矗立在墓地上。碑间植满了松柏花草，显得十分安静肃穆。纪念碑身后是一座小花园，穿过花园就是革命烈士纪念堂。纪念堂高9米，占地面积700平方米。陵堂砖石结构，外墙用白色水磨石贴面，顶檐用绛红色水磨石装修，整个建筑十分典雅简朴。踏上石阶，陵堂正门的黑色大理石上镌刻着毛泽东同志的手书："人民英雄永垂不朽！"走进陵堂大门，里面是一个面积为400平方米的纪念大厅，厅内安放着烈士的骨灰盒，记载着烈士的名字和简要事迹，厅四周布满了花圈、挽联和悼词，十分庄严肃穆。纪念堂大厅两侧是展览厅，厅内展出了为解放塘沽而献身的杜风田、瞿春萱等烈士的英勇事迹，陈放着烈士遗物，悬挂着烈士的遗像。自陵园建成以后，每年清明节或者节假日，各界人士都络绎不绝地来到这里，缅怀革命先烈的英雄业绩，接受革命传统教育。

解放一江山岛烈士陵园

在浙江椒江区枫山，系浙江省人民政府于1955年为纪念解放一江山岛捐躯的烈士而建。总面积448万平方米，建筑面积4300平方米。陵园内耸立着一座纪念塔，高16米。塔身上雕塑陆海空三军立像。塔正面为沙文汉同志题写的塔名，两侧为林维先、廖政国同志的题词。同时还建立了烈士纪念碑。碑文记载了1955年1月18日解放一江山岛的经过，表达了对光荣牺牲的454名革命烈士的深切怀念。一江山岛位于浙江省椒江口外，是大陈岛国民党军队的外围重要据点，攻克一江山岛将为解放大陈岛屿奠定有力的基础。在各参战部队经过充分准备之后，1955年1月18日至19日，华东军区以步兵1个师、各种类型舰艇船只180余艘、海军航空兵5个团，进行了一江山岛立体登陆作战，陆海空三军密切协同，胜利登陆，经过一天多的激烈战斗，全歼守敌千余人，解放了一江山岛，打开了蒋军称为"固若金汤"的大陈岛大门。此役，不少英烈长眠于这里。

歌乐山烈士陵园

位于四川省重庆沙坪坝区歌乐山东麓。新中国成立前系关押革命志士的魔窟——中美合作所集中营。主要由白公馆、渣滓洞组成。是1949年国民党溃逃前夕，制造震惊中外的一一·二七大屠杀惨案的地方。1980年共青团重庆市委等单位发起，由重庆各界集资在烈士墓前修建大型烈士雕塑群。由四川美术学院院长叶毓山教授义务设计制作，用四川省石棉县所产的优质红色花岗石"四川红"雕刻而成。于1986年11月27日正式开放。群雕正门是邓小平题写的"重庆歌乐山烈士陵园"。这组群雕总高11米，四周各宽7米，以大写的手法，凝重的形体，表现了烈士不朽的精神，以9名烈士的典型形象，组成"宁死不屈""前赴后继""坐穿牢底""迎接曙光"，构成连环情节，从不同角度反映了革命烈士的狱中生活和精神气质。群雕之下为圆形纪念大厅，其四壁为四川美术学院副教授马一平创作的反映地下党活动和在狱中斗争的大型油画——《在血与火的洗礼》。大厅正面墙上是邓颖超题名的烈士群雕铭文。四根大柱上用铜牌铭刻着313名死难烈士的英名。先烈们为革命可歌可泣的斗争,将永远激励后人前进。1949年11月底重庆解放前夕,国民党反动派将囚禁在重庆渣滓洞、白公馆集中营的革命志士、共产党人300余名,于11月27日集体屠杀,制造了震惊中外的一一·二七大惨案。新中国成立后,为缅怀先烈,教育后代,建"歌乐山烈士陵园"于此。

嘉义烈士陵园

位于江西省平江嘉义。震惊全国的平江惨案就发生在这里。1939年6月,正当全国人民在抗日民族统一战线的旗帜下,奋勇抗击日本侵略者之时,国民党第27集团军总司令杨森,于6月12日派兵突然包围新四军驻平江嘉义通讯处,枪杀和活埋了新四军上校参议、中共江西省委副书记涂正坤等6

位抗日志士，制造了震惊全国的平江惨案。为了纪念涂正坤、吴渊、罗梓铭、曾金生、吴贺泉、赵绿吟6位烈士，1962年，平江县人民政府在这些烈士牺牲的地方，建立了嘉义烈士陵园。

端午山革命烈士陵园

位于山东端午山。为纪念牟平为国捐躯的革命烈士而建。主要建筑有：纪念塔、纪念亭等，四周环以围墙。

肇州革命烈士陵园

位于黑龙江省肇州县肇州镇内东南角，建于1946年2月，占地面积2.37万平方米，安葬55名革命烈士。纪念建筑主要有：革命烈士纪念塔、抗日烈士纪念碑、抗日六烈士墓碑、抗美援朝烈士纪念碑、"永垂不朽"纪念碑。

肇源革命烈士陵园

位于黑龙江省肇源县四方山，建于 1958 年，占地面积 6 万平方米，纪念建筑主要有：烈士纪念碑。

嫩江革命烈士陵园

位于黑龙江省嫩江县北花园，建于 1949 年，占地面积 1.8 万平方米，安葬着 173 名革命烈士。纪念建筑有：抗美援朝烈士纪念碑。

德惠革命烈士陵园

坐落在吉林省德惠城西郊苗圃的万绿丛中。陵园始建于

1953年，原址于德惠县镇三道街人民广场。1976年迁现址重新修建。陵园占地1万平方米。正门上边高悬"革命烈士陵园"6个大字。陵园中主体建筑——纪念塔。塔通高20米，底宽2.3米，塔身为水刷石，石庙宇式的塔帽，体现了民族风格。这里安葬着824位为解放德惠而英勇牺牲的先烈。

霍去病陵

位于陕西省西安附近茂陵东面。霍去病，河东平阳（今山西临汾西南）人，是卫青的外甥。他是汉武帝时的著名战将，官至骠骑将军。公元前121年，他两次大败匈奴，控制河西地区，打开了通往西域的道路。公元前119年，他和卫青共同击败匈奴主力。武帝要为他建造府第，他拒绝说："匈奴未灭，无以家为。"他前后6次出击匈奴，解除了匈奴对汉的威胁。霍去病死于公元前117年，死时年仅24岁。霍去病墓建筑特别，上下皆用天然石头砌成。霍去病战功辉煌，为汉武帝打通了河西走廊，汉武帝特为他的墓冢做成了象征祁连山的形状，当时称"小祁连"。霍去病墓前有石人石马等墓饰。现存的墓饰保存在墓附近的茂陵文物管理所内，共有9件：石人、猛虎吃羊、牡牛、野人抱熊、小猪、跃马、马踏匈奴、卧马伏虎等。

冀南烈士陵园

"冀南区"是抗日战争和解放战争时期的行政区划。冀南烈士陵园位于南宫县城内（河北省属），建于1946年，面积为520亩，安葬着革命烈士近800名。园内主要建筑物有烈士纪念塔、烈士骨灰堂、烈士大公墓等。园内还有开挖的4条小河，长达800余米，纵横交错，清水漫流，河边垂柳成行。1983年秋，邓小平等7位在冀南工作过的老同志，都曾为陵园题词，体现了老一辈革命家对革命烈士的深切怀念。1986年10月15日，国务院批准该陵园为全国重点烈士纪念建筑物保护单位。

蟠龙山烈士陵园

位于辽宁省营口市大石桥镇东北的蟠龙山上，由烈士纪念馆、烈士陵园、烈士塔三部分组成。1954年为纪念解放战争中牺牲的烈士而建，纪念馆坐落在蟠龙山西南部半山腰处。大门修在山脚，入门为石条台阶，馆中共介绍8位烈士事迹，并陈列部分遗物。在顺山腰北面安葬着20多位烈士的遗骨，其中多是当年在解放大石桥战斗中牺牲的烈士。烈士塔位于纪念馆东百米处。塔下不远是蟠龙山公园。